财经法治

破产法文库
总主编　王欣新

茶座系列

BANKRUPTCY
LAW
TEAHOUSE

破产法茶座

第五卷

徐阳光　张婷　主编

法律出版社
LAW PRESS·CHINA
北京

图书在版编目(CIP)数据

破产法茶座. 第五卷 / 徐阳光, 张婷主编. -- 北京:
法律出版社, 2022
(破产法文库)
ISBN 978-7-5197-7115-7

Ⅰ. ①破… Ⅱ. ①徐… ②张… Ⅲ. ①破产法-中国
-文集 Ⅳ. ①D922.291.924-53

中国版本图书馆 CIP 数据核字(2022)第 173835 号

破产法茶座(第五卷)
POCHANFA CHAZUO (DI-WU JUAN)

徐阳光　张　婷　主编

策划编辑 沈小英
责任编辑 沈小英　王　鸿
装帧设计 汪奇峰　臧晓飞

出版发行 法律出版社
编辑统筹 法治与经济出版分社
责任校对 杨锦华
责任印制 吕亚莉
经　　销 新华书店

开本 710 毫米×1000 毫米　1/16
印张 10　　**字数** 163 千
版本 2022 年 11 月第 1 版
印次 2022 年 11 月第 1 次印刷
印刷 固安华明印业有限公司

地址:北京市丰台区莲花池西里 7 号(100073)
网址:www.lawpress.com.cn
投稿邮箱:info@lawpress.com.cn
举报盗版邮箱:jbwq@lawpress.com.cn
销售电话:010-83938349
客服电话:010-83938350
咨询电话:010-63939796

书号:ISBN 978-7-5197-7115-7
定价:66.00 元
凡购买本社图书,如有印装错误,我社负责退换。电话:010-83938349

总　序

现代破产法融清算退出与挽救更生程序于一体，是警醒正常市场主体"向死而生"之法，是帮助困境企业"涅槃重生"之法，是促使失败企业"规范退出"之法。破产法律制度是市场经济法律体系不可或缺的重要组成部分，甚至被称为市场经济之"宪法"。市场经济社会的基本法则乃公平竞争、优胜劣汰。故，凡市场经济之法治国家，无不将破产法视为其法律体系不可或缺之重要组成部分，并将其作为评价一国市场经济地位和营商环境水准的重要标志。

中国自改革开放以来，高度重视营商环境建设。1986 年 12 月 2 日第六届全国人民代表大会常务委员会审议通过了《中华人民共和国企业破产法(试行)》，于 1988 年 11 月 1 日起施行。2006 年 8 月 27 日第十届全国人民代表大会常务委员会第二十三次会议审议通过了《中华人民共和国企业破产法》，自 2007 年 6 月 1 日起施行，《中华人民共和国企业破产法(试行)》同时废止。2013 年 11 月《中共中央关于全面深化改革若干重大问题的决定》指出："健全优胜劣汰市场化退出机制，完善企业破产制度。"2014 年 10 月《中共中央关于全面推进依法治国若干重大问题的决定》指出："社会主义市场经济本质上是法治经济。使市场在资源配置中起决定性作用和更好发挥政府作用,必须以保护产权、维护契约、统一市场、平等交换、公平竞争、有效监管为基本导向,完善社会主义市场经济法律制度。"2018 年 9 月第十三届全国人大常委会立法规划发布,《中华人民共和国企业破产法》的修订纳入立法规划,属于"需要抓紧工作、条件成熟时提请审议"的项目。2018 年 11 月中央全面深化改革委员会第五次会议审议通过了《加快完善市场主体退出制度改革方案》,将加快以破产法为核心的市场主体退出制度建立健全的步伐,以更好地服务供给侧结构性改革和营商环境优化建设。

我国破产法的历史虽然短暂,但也已走过了 30 余个春秋,《中华人民共和国企业破产法》及其司法解释构成了较为完整的破产法制度体系,全国各地各级法院组建了约 100 家破产审判庭,北京、上海、深圳三地更是在最高人民法院的批准下组建了破产法庭,破产审判的法治化、专业化建设取得了长足的进步,破产案件数量逐渐上升,破产法的理念、文化与制度规则也得到了更广泛的传播和认可。

破产法律制度的建立健全和破产审判的法治化、常态化推进,是市场经济可持续发展、营商环境优化建设的重要保障,市场经济之发展亦注定离不开破产法学研究之繁荣。中国人民大学破产法研究中心和北京市破产法学会自成立以来,始终坚持学术为本、理论联系实际和以问题为导向的研究理念,不遗余力地创办"中国破产法论坛"及其专题研讨会等权威交流平台,多年来持续编辑出版《破产法论坛》等图书,凝聚了中国破产法理论与实务界之顶尖研究力量,致力于破产法治事业之发展与进步,赢得了全体"破人"之赞誉与支持。

为进一步整合中国破产法理论界与实务界之研究力量,经与浙江省高级人民法院民四庭庭长章恒筑法官、中国人民大学破产法研究中心副主任郑志斌律师、中国人民大学破产法研究中心副主任兼秘书长徐阳光教授、法律出版社法治与经济出版分社社长沈小英编审反复商议,中国人民大学破产法研究中心、北京市破产法学会决定联合法律出版社创办"破产法文库",面向国内外同仁开放。

"破产法文库"设置 5 个子系列,其中,学术系列希冀广纳中国学界高水准之破产法专著;译著系列拟推介域外之经典破产法文献与法典;论坛文集系列继续推出“中国破产法论坛”及其专题研讨会之优秀论文;实务系列侧重出版破产法实务经验总结之佳作;茶座系列则旨在分享破产法实施中的趣闻轶事以及破产法同仁办理破产案件的心得体会。

从历史上看,中国缺乏破产法文化传统与理论实务研究积淀。“破产法为一重要之法律,然学者研究之者,远不如研究民刑之法之夥;良以向者适用较少,兴趣遂减。”民国法学家吴传颐先生数十年前之感慨,仍让今人有现实之叹。而今,破产法的社会调整作用日益得到人们的认可与重视,破产法的研究也日益深入。破产法是一个综合性的法学领域,破产法治建设是我们共同的事业追求。但愿“破产法文库”之创办能够团结更多法学同仁来关注和研究破产法理论与实践之重点难点问题,并将自己高水平的研究成果纳入文库中出版,共同推动中国破产法学术之繁荣、立法之完善与司法之进步。

是为序!

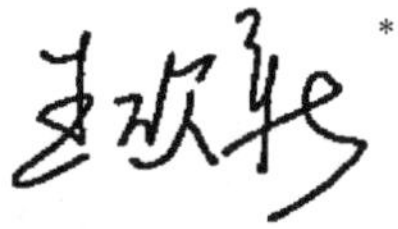*

2016 年 7 月 16 日撰写
2019 年 2 月 26 日修订

* 中国人民大学法学院教授、博士研究生导师,中国人民大学破产法研究中心主任,北京市破产法学会名誉会长。

序 言

党的二十大胜利闭幕,党带领全国各族人民迈上全面建设社会主义现代化国家新征程,向着第二个百年奋斗目标乘风破浪、勇毅前行。全面建设社会主义现代化国家离不开经济社会的高质量发展和法治体系的建立健全,破产法的制度建设和文化普及也是题中应有之义。新中国从 1986 年第一部破产法——《中华人民共和国企业破产法(试行)》在质疑和争议中破茧而出,到 2006 年《中华人民共和国企业破产法》的颁布实施,从国企改制时代的政策性破产到面向所有企业类型的市场化破产,从破产清算退出理念主导的"旧破产",到清算退出与困境拯救并重的新破产法,我们三十七载风雨同行,成绩有目共睹,困难依然存在,但前景目标和行动规划也日益清晰,国家层面的《加快完善市场主体退出制度改革方案》已经作出顶层设计。

破产法的市场化法治化常态化信息化实施,依然是我们破产法同仁不懈的追求。全国人大财经委正在紧锣密鼓地推进《中华人民共和国企业破产法》修改工作,个人破产立法迎来前所未有的机遇;最高人民法院继续大力推进破产审判的专业化和信息化建设,在东部、中部、西部地区陆续组建的破产法庭是专业化专门化建设的有力举措,"全国企业破产重整案件信息网"

为信息化建设提供了基础性平台,全国各地各具特色的破产审判信息平台和府院联动机制平台更是推陈出新;破产法理论界与实务界同仁密切关注破产法实施和制度改进的重大理论问题与具体实践问题,“致广大而尽精微”的学术理念和研究风格在破产法领域逐渐深化。

“致广大”要求我们具有全球视野,谨记“国之大者”;“尽精微”需要我们立足中华大地,探索精致规则。中国破产法的发展,是全球破产法变革发展的重要组成部分。我们一方面要有全球视野,了解全球破产法变革的国际经验;另一方面,更要关注国内每一个破产法条款的完善和每一宗破产案件的办理。毋庸置疑,市场经济体制之下的破产法必然有其共性成分或普遍性特征,而一个个具体案件的解决和一次次立法修改的辩论,也让我们看到了不同国情和不同地域之下解决问题的特殊性因素。每一卷《破产法茶座》的每一篇文章所反映的破产法同仁之酸甜苦辣,很大程度上也是破产法的普遍性与特殊性交织存在的体验。我们坚信广袤的中华大地定能诞生更多符合中国实际的“办理破产”经验,我们完全有能力为人类法治建设和全球破产法变革贡献中国智慧,而这一切离不开我们对我国破产实践的梳理和总结。中国人民大学破产法研究中心和北京市破产法学会持续编写出版《破产法茶座》,实际上也是对中华大地上破产法实施和探索创新的一种记录、总结和推广。

《破产法茶座》始终继续坚持“用细节说话,以情怀示人”,努力让破产法知识“飞入寻常百姓家”。我们希冀通过一次次对话、一宗宗个案和一篇篇总结,多视角呈现破产法同仁的酸甜苦辣,多维度展现破产法的实践样态。《破产法茶座》第五卷通过公开征稿和主动约稿的方式,共收集到40余篇论文。编委会经过三轮遴选,最终收录17篇佳作。其中,“学术人生”栏目旨在向我国破产法学界泰斗王欣新教授致敬,全文收入了徐阳光教授与王欣新教授进行的“七十不惑”之学术人生漫谈对话实录,亦是对王欣新教授七十华诞的献礼。王欣新教授在其第四部自选集《绝境再生:破产法市场化法治化实施之路》序言中写道:“生活本是没有退休之说的,所谓不惑者,只是能有更为明确、现实并具有谦抑性的目标,能够让我们较为愉悦地减负前行。”王欣新教授在破产法治事业道路上从未停歇,而徐阳光教授为这部自选集撰写的编后记可让读者更全面地了解王老师的学术人生、学术贡献和学术精神。“困境拯救”栏目总结了比利时破产预防制度的晚近发展,以及破产实务一线的法官和管理人在重整案件办理中的心得体会与所思所想。“债权保护”栏目关注的是职工住房公积金、以物抵债、不良资产转让等具体入微的问题。“办案札记”栏目则收入了法官和管理人对个案的总结体会。本卷“数字经济”栏目收入的是我们举办的第二届 MAX 价值云峰会的经典访谈内容,表达了我们推动破产审判信息化发展和实现数字经济与办理破产相融合的美好愿望。

自《破产法茶座》创办以来,我们希望每一卷都是一壶雅俗共享的“好茶”,更希望越来越多的读者成为我们的作者,一起参与每一壶“好茶”的调制和品味,一起感受破产法同仁用自己的方式推动中国法治建设的别样体验。

徐阳光　张　婷

2022 年 10 月 28 日

目　录

四、数 字 经 济

五、办 案 札 记

一、学 术 人 生

“七十不惑”：王欣新教授学术人生漫谈

王欣新 *　徐阳光 **

按语：2022年4月23日，“破产法实务前沿系列讲座第28期——‘七十不惑’：破产法泰斗王欣新教授漫谈人生”在中国人民大学法学院明德法学楼601国际学术报告厅举行，王欣新教授、徐阳光教授应邀进行访谈交流。本次活动由中国人民大学破产法研究中心和北京市破产法学会主办，采取对话交流的方式进行。主持人徐阳光教授提出的问题主要涉及王欣新教授上大学之前的成长经历、上大学之后的学习经历、为何选择走学术研究道路、为何选择从事破产法的研究、如何进行职业选择等多个方面。以下是本次交流的文字实录，已经发言人审定，特此说明并致谢。

一、生而平等　努力奋斗

徐阳光：大家好。今天是中国人民大学“破产法实务前沿系列讲座”的第28期，由中国人民大学破产法研究中心、北京市破产法学会共同主办。本次活动的方式别具一格，由我来担任主持人，与我们尊敬的王欣新老师对话交流。

我本人在2001年考入中国人民大学法学院攻读经济法学硕士，导师就是

* 中国人民大学法学院教授、博士研究生导师，中国人民大学破产法研究中心主任，北京市破产法学会名誉会长，全国人大财经委《企业破产法》起草工作组、修改工作组成员，最高人民法院企业破产法司法解释起草小组顾问，联合国国际贸易法委员会第五工作组（破产法）中国代表团成员。

** 中国人民大学法学院教授、博士研究生导师，中国人民大学破产法研究中心副主任兼秘书长，北京市破产法学会会长。

王欣新老师。有幸蒙受恩师王欣新教授在为人与治学方面的言传身教,至今长达21年之久。而这么长的时间,我与王老师同时西装革履地坐在讲台上面对听众对话、相互交流,今天是第一次。我们也是第一次用访谈形式来进行破产法实务前沿讲座。

王老师具有多重身份。王老师是中国人民大学法学院教授,中国人民大学破产法研究中心主任,北京市破产法学会的创建人、首任会长,现在是北京市破产法学会第三届理事会的名誉会长。王老师也是全国人大财经委《企业破产法》起草工作组、修改工作组成员,最高人民法院企业破产法司法解释起草小组顾问。王老师是联合国国际贸易法委员会第五工作组(破产法)中国代表团成员里唯一的专家学者代表,自2015年至今,一直参加纽约和维也纳每年两次的工作组会议。王老师的多重身份意味着他在法治领域的贡献是全方位的,包括教学、教材撰写、人才培养、学科创设、学术开拓,以及对我国破产立法、司法工作的推进,破产法理论界与实务界交流平台的搭建等。

王欣新教授是我国破产法泰斗级人物。作为中国人民大学法学院教授,他几乎凭一己之力开创了中国人民大学法学院的破产法学科,独著的"新编21世纪法学系列教材"之《破产法》,入选普通高等教育"十一五"国家级规划教材;主编的《破产法原理与案例教程》,成为全国法律专业学位研究生教育指导委员会秘书处推荐教材;他独著或主编的《企业公司法》、《破产法学》、《破产法》(第3版)分别在2006年、2011年、2013年被评为北京市高等教育精品教材;他承担了本科生和研究生的《破产法》课程,主持的《破产法》课程被评为2010年度国家级精品课程(网络教育类);他精心指导100多位硕士和博士研究生,为国家法治建设培养了一批优秀的人才。作为中国人民大学破产法研究中心主任和北京市破产法学会会长,他是这两个机构的创建者,在推进学科发展、人才培养和课程建设的基础上,克服困难与同道者共同搭建了"中国破产法论坛"及其专题研讨会、破产法文库、破产法前沿系列讲座等学术平台,得到了全国破产法理论界与实务界同仁的高度认可和大力支持,成为国内破产法领域砥砺思想、凝集共识的顶尖学术交流平台。作为全国人大财经委《企业破产法》起草工作组成员和修改工作组成员,他秉持学术报国之心,热忱投入破产立法工作,坚守学术立场,博采各方思想,在博弈和妥协的立法过程中尽可能地追求法律的完美。作为最高人民法院企业破产法司法解释起草小组顾问，他深度参与企业破产法系列司法解释的起草和论证以及破产法司法解释理解与适用的著作撰写。作为联合国国际贸易法委员会第五工作组（破产法组）中国代表团成员中唯一的学者代表，王老师自2015年至今，参与了《承认和执行与破产有关的判决：示范法》《企业集团破产示范法》《临近破产期间董事的义务：企业集团》《便利跨国企业集团的跨国界破产：立法条文》《小微企业破产法立法指南》《破产程序中民事资产追查和追回》《破产程序的适用法律》等一系列国际文件的起草工作，在国际舞台发出了中国声音。王老师即将迎来70岁生日。王老师七十载的人生经历了新中国的成立与发展，尤其是法治建设的发展过程。所以，聆听王老师漫谈人生，对我们为人治学及工作都是极有启发的。

王老师好，我们今天的第一问题就从您上大学之前的故事开始。听说您进入大学之前曾经在砖瓦厂工作，时间长达10年，这段经历给您的人生产生什么影响？是否有特殊意义？

王欣新：大家好，很高兴与大家在这里见面，看到这么多年轻的面孔，很亲切，也感觉到未来充满了希望。谈及我在砖瓦厂的工作经历，就要回顾“文化大革命”时期。我是“文化大革命”时期的所谓“老三届”①学生，“老三届”是指1966年、1967年、1968年这三届的高中及初中6个年级的学生。我当时是北京五中初中一年级的学生，即“老初一”，这意味着初中一年级的学习任务没有完成就开始了“文化大革命”，在此期间度过了初中阶段的学习，但是在当时那种社会环境下，其实从学校也基本没有学到什么文化知识。因此，我上大学之前完整的学历只有小学学历，初中虽有一个毕业文凭，还因“文化大革命”推迟一年颁发，但并没有真正学习完初中的课程。

在“文化大革命”初期，我还曾到一些地方“串联”，去过湖南、广西、四川等地。一方面，开阔了眼界；另一方面，可以饱览祖国的大好河山，包括到革命圣地参观，如韶山、重庆的渣滓洞、白公馆等。“文化大革命”打乱了全国所有学生的学习进程。如果按照原来的学制，我是1965年上初中的，应该在

① “老三届”是指“文化大革命”爆发时，在校的1966届、1967届、1968届三届初中、高中学生。当时的初中、高中学生因“文化大革命”造成在学校的堆积，到1968年出现了六届中学生同年毕业的奇景，造成了巨大的就业危机。因此“老三届”离校后基本都当了“知青”，并且将此前以农场（含兵团）模式为主的“上山下乡”改变为以“插队”模式为主。

1968 年毕业,但那时还在搞“文化大革命”,1968 年还没有办法毕业,直到 1969 年才算中学毕业,有了一个初中文凭。当时是不可能继续升学到高中上学的,因为那时的中国还没有恢复学历性的教育,所以“老三届”学生都分配到各地工作,当然现在看其中有些分配去向可能无法称之为工作。我们这几届毕业生基本是这么几个去向:一是到东北、内蒙古农垦兵团做农工;二是到各地“插队”(安插在农村的生产队);三是到一些城市的工厂之类的单位上班。总体上讲,分配到工厂上班的只是少部分人,大多数人都到兵团或者去农村“插队”。我们这届有一部分学生留在工厂,但当时分配的工厂不是比较好的现代工厂。我当时在北京五中上学,五中算是一个好学校,至今也是北京中学中的头部学校。我们这届学生就算分配去工厂的,也是去煤矿、铁矿、砖瓦厂之类的艰苦工厂。我在 1969 年 3 月被分配去北京怀柔县的砖瓦厂,当时的怀柔是一个经济相对落后的远郊县城,还不能像现在称为城市的一个区,只有一条大街、一个火车站、一个汽车站,坐火车、坐汽车到北京都需要 2 小时以上。

在砖瓦厂的工作,首先是让我自己的一些基本人生观念发生了转变。砖瓦厂的特点基本就是重体力劳动,实实在在的“锻炼”身体。当时的粮食都是凭票供应的,我在砖瓦厂干过的最重的体力劳动岗位,一个月发 70 斤半的粮票,后来虽然换了稍轻一点的工作,但有相当长一段期间,我每天要吃掉 2 斤粮食。我最初在工厂的工作是出窑,一个人推一车 1000 斤(500 千克)的砖,出窑的时候需要人把砖装车并从火热的砖窑中往外推。出窑的时候有很多灰尘,当时我戴着眼镜,这个工作不好干,灰尘把眼镜都糊上了,需要经常擦眼镜,这容易耽误工时,于是就给换了一个体力劳动相对轻一点的工作。最初我们本着接受工农再教育的热情,工作非常卖力。记得一次我们去帮电工挖电线杆子的坑,几个人轮流干,半个上午就把人家安排一天的工作量都做完了。

这段时期,我逐步了解了这些工作的性质和生活的环境。人总想往上走,希望能够获得更多的知识与能力,但当时的环境无法提供这种往上走的机会。在生活方面,我们比起“插队”的同学算是不错了,起码粮食可以吃饱,闲时可以捞点小虾、叉青蛙、用粮票换鸡蛋等,稍稍改善一下生活,可以采些或买些应季水果品尝,赶上秋收的季节,也自力更生帮着农民老乡消化一些玉米、白薯之类的杂粮。但是，这份工作本身确实是没有什么前途，所以后来一起去砖瓦厂的这些学生就开始想办法、找路子调回北京市里工作。当时的分配工作是强制性的，没有关系是不能调动，我也曾经努力尝试过，但未能成功。

当时在工余时间，我一边锻炼身体，一边看书学习，但还谈不上学习数理化，更多是看文学著作。当时能够找到的文学名著我基本都看过了，这些著作帮助我去理解社会，理解人生。虽然有人说"天将降大任于是人也，必先苦其心志，劳其筋骨，饿其体肤，空乏其身"，但当时确实看不到天会有什么"大任"，所以还得靠自己努力去改变现状。

直到恢复高考，才给我们开辟了一条新路。我没有参加 1977 年、1978 年的高考，当时还是想着调回北京找一个比较好的工作。那时我比较喜欢摄影，自己照相、洗相、放大，学习理论等，想去中国摄影杂志社之类的单位工作，但最后也未去成。后来，我就决定认真复习功课考大学，在 1979 年参加了高考。高考的成功使我有幸来到了中国人民大学，就这样成为了大家的校友。

在砖瓦厂的工作经历的确荒废了我 10 年的时光，但从另一个角度看，在摆脱泥潭之后也可以说是我的一段人生课程。当然，如果没能摆脱那可能就要荒废整个人生了，也不会有什么值得回忆的。第一，再脏再累的工作我都经历过了，锻炼了我的心性，让我不畏挑战。第二，砖瓦厂的环境基本属于最底层的社会，我周围很多都是没有文化的农民工。所以，我可以说是从社会最底层摸爬滚打出来的，我不会看不起社会底层的人，我觉得人都是生而平等的，只不过有些人运气好些，有些人运气不太好，当然也有努力方面的因素。第三，凡事不能依靠别人，要靠自己，提升自己的能力才是最重要的。如果你能够不怕苦不怕累，可以平等待人，对自己有明确的认识，有明确的奋斗目标，我相信大家都能取得很好的成绩。

徐阳光：感谢王老师。王老师给我们分享了上大学前的经历，让在座的同学了解到当时的情况。我觉得王老师的这段经历可以给大家一些启发——如果你们现在遇到了一些困难和压力，是因为你们之前没有经历过，一旦能够努力克服眼前的困难，相信对今后的发展是很有益处的。王老师刚才提及自己的经历，现在大家上大学是正常现象，但在那个时候是奢侈品，所以，大家应该好好珍惜，认真学习。

二、成功转型　著作等身

徐阳光:1979 年的中国人民大学,校园建设远没有现在这么好,师资力量以及学术文献资料也远没有现在丰富,但那时中国人民大学的学生在艰苦的环境中发愤图强,成了各行各业的翘楚。因此,第二个问题就是,请王老师谈谈大学期间的学习生活情况,也让我们一起了解一下学校的历史。

王欣新:我 1979 年考入中国人民大学法律系(当时还没有法学院)时,本科生有一个班,只有 30 多人。中国人民大学在"文化大革命"期间被停办,停止招生,当时的老师都被下放到干校参加种田劳动,学校原有的教学设施、食堂、宿舍等都被其他一些单位占用。中国人民大学复校之后,学校只能用教室作为外地学生的宿舍,一个教室排着十多个上下铺的床。北京的同学全部是走读。当时也没有可以坐下吃饭的食堂,学生们在一个对外的窗口买完饭之后就自己在校园里找一个地方露天吃饭,一阵风刮来,就可能撒点"胡椒面",正经的食堂是以后才逐步建立的,诸如图书馆、阅览室等更是稀缺资源。

由于多年没有大学教育,所以复校后学生之间的年龄差距较大,我在班里排行第四,最小的是卢建平。他毕业后留校工作,后来在北京师范大学担任过法学院院长,但在上学时他还没有选举权。学生之间有点代差,对社会的理解也存在一些差异。

在学习生活方面,我们跟大家现在的情况有很多相同之处,比如早上起来去教室上课,上完课去阅览室看书,有时候考试前也找老师"套题目"。当然,老师们如果不说话,那么什么话术就都没有用了。我们班有一位同学所有学科考试全优,那是很厉害的。我们当中有些年龄比较大的,因为曾经在社会上工作过,所以除了学习知识之外,也思考、讨论一些社会问题。我觉得大学生最重要的就是学会思考,这不仅可以丰富自己的知识,而且更重要的是提升能力。

在学习之余,大家也会聚会,喝点小酒,去公园游玩,拍一些照片。那时没有现在这么多娱乐活动,也没有平板电脑、智能手机之类的。但当时有跳交谊舞的活动,班上有一位同学很会跳舞,他跟我关系不错,我就请他教教我。学了几次之后,他说我是"朽木不可雕也",事实也证明如此,后来我就退出舞场了。

在大学生活中,我主要精力还是放在学习上。后来大学毕业之后,我又报考了中国人民大学法学院的研究生。我报考的第一志愿是刑法专业,当时还没有破产法,经济法专业也只是刚刚建立。但是,我考试的时候发挥得不好,有一道题目没有答好,于是刑法专业科目不及格,没有考上。本来我准备去工作了,那时国家可以分配工作,也不愁工作。我的心态还是挺乐观的。有同学说我挺奇怪的,没考上研究生还笑嘻嘻的。我觉得无论考上与否,都是一个学习的过程,差别只是一个在学校,一个在社会。但后来学校扩招研究生,我就被招进来了,只是专业变成了刑事诉讼法。当时刑事诉讼法方向有 3 个学生,除了我之外还有陈卫东、张甲天两位同学,他们都取得了不错的工作成绩。陈卫东现在是我们学院刑事诉讼法的著名教授,张甲天现在担任山东省高级人民法院院长,而我是改换门庭来到了经济法和破产法领域。我发现在学校学习知识只是其中一个方面,更重要的是掌握学习方法,提升自己的能力,包括应对环境变化的能力。当知识转化为能力的时候,才能说你真正地掌握了知识,如果仅仅是死记硬背一些东西,而不能去运用,不能解决实际问题,这样的学习是没有社会效果的。在大学本科和研究生期间,我最大的感受就是,学习不仅是看书,学习是要思考,是要应用知识解决问题,解决学术问题,解决实践问题,这样才不负所学。

徐阳光:谢谢王老师的分享,让我们了解了当时上学的条件,也进一步明白了学习的意义。王老师在报考研究生的时候,考的是刑法,后来扩招调剂到刑事诉讼法,毕业留校的时候又留在经济法教研室,以公司法、破产法为研究方向,专业的跨度比较大,但学术产出非常丰富。王老师出版了几十本教材和著作,其中,自选文集就已经出版了 4 部,分别是《破产法理论与实务疑难问题研究》(中国法制出版社 2011 年版)、《公司证券法治与司法制度研究》(中国法制出版社 2011 年版)、《破产法前沿问题思辨》(法律出版社 2017 年版)和《绝境再生:破产法市场化法治化实施之路》(法律出版社 2022 年版)。专业上的成功转型后,成果仍是著作等身,让我们很想知道,王老师是怎么对待和适应这种专业转换,学术研究心路历程有哪些经验可以跟我们分享?

王欣新:法律确实是我当时高考时所报的志愿之一,至于是不是第一志愿,我已经忘记了。我在法学专业的学习过程中,感兴趣的方向比较多,最初我更倾向刑法方向,觉得刑法比较高深,再加上高铭暄等老师的授课引人入胜,只是当时研究生没考上,被调剂到刑事诉讼法方向。我对刑事诉讼法也比较感兴趣,但是刑事诉讼法与其他法学方向有一点比较大的差异,就是刑事诉讼法关系到人权保障,而且这里的"人权"很多情况下是指犯罪嫌疑人、被告人的人权,这些人被认为是社会上的"坏人",在当时的环境下,保护"坏人"的人权并不为社会所普遍认可。因此,我当时写有关无罪推定、沉默权、辩护权的文章很难发表。我有一篇文章是关于辩护制度的,当时向《中国社会科学》投稿,后来编辑说文章写得不错,就是观点有点激进,不太适合公开发表。所以,没能在《中国社会科学》上刊发,而是发表在该杂志的内部版《未定稿》上。

我研究生毕业的时候,正好经济法教研室刚组建,缺少老师,学校提出希望我留在经济法教研室。我考虑,当时刑事诉讼法方向的科研、发文局限性比较大,在经济法发展可能更有利一些,而且经济法属于新学科,对我也有吸引力,所以我就留在经济法教研室了。

刚开始,我对经济法的具体研究发展方向也不是很明确,经济法本身课程的设置理念也并不清晰。记得刚留校时,还曾经安排我讲授过《森林法》课程,至今没有人再开过这个课程,一个班选课的学生只有十来个人,可能是因为很少有人会分配到适用《森林法》的单位工作。后来我建议不能再开这门课程了,缺乏实际需求,达不到教学目的。我跟当时一起留校的郭锋商量,学术研究和教学往哪个方向发展比较好,最后郭峰确定为证券法、票据法,而我就确定了企业法(公司法)和破产法。当时我是两法并重,在企业法方向也发表了文章,写了一些书。但我退休之后就基本把公司法的研习放弃了,更专心去发展破产法。现在有的电视台、杂志想采访我,涉及公司法内容的,我都婉拒了,只接受破产法方面的采访。

在研究方向的转换中,我的感想是,只要你把握社会发展的方向,努力钻研下去必有成就,哪怕破产法在当时并不是显学,但市场经济的发展始终摆脱不了破产法的基础作用。因此,首先是要选对研究方向,而且一定要跟自己的兴趣相关,这样才会有成就感,有前进的动力,否则学习、研究就是一种折磨。我希望大家在自己的学习和职业过程中,不要太在意专业或工作的转换,不要把自己的事业局限于某一方面,因为学习的过程不仅仅是学习知识,也是掌握学习方法和适应社会的能力。只要具备能力,你到哪个位置上都能做得好。

三、投身立法　学术报国

徐阳光:我在活动开始的时候,介绍了王欣新老师的多重身份。王老师参与了国内破产立法、司法解释的起草和修改工作,也参与了联合国贸法会与破产有关的示范法和立法指南的起草与审议。有请王老师谈谈在参与这些立法工作时的感想和建议。

王欣新:立法工作与学术研究是不同的,参与立法工作需要有学术基础,有学术研究的能力,但不能仅限于此。如果一个纯粹做学术研究的人,贸然进入立法的领域,可能会出现不适应的情况。立法是不同利益社会群体之间的博弈,而博弈中涉及的利益大多都是具有一定的正当性,而不一定是不正当利益与正当利益的博弈。我们应该根据当时的国情和经济社会发展的需要来决定侧重保护哪一方面的利益,或者说更侧重优先解决哪一方面的问题,立法的天平在特定情况下向哪一方适当倾斜。因此,在立法工作中虽然也存在对与错的问题,但我们往往不能简单地以对错评判立法。

我参与立法后发现,尽管大家都希望制定出最好的法律,但由于对好的评价标准有差异,所以往往在立法中能够通过的,是大家在妥协后认为可能次好的法律。在立法中需要不断地协调,不断地妥协让步,当然也有不断地争辩,才能得出一个能够为社会接受的法律,这也是为什么法律通过之后需要不断修改的原因。当然,有的法律确实是立法的时候考虑不周,但有的立法是因为当时的环境局限而无法一步到位,需要随着情势变迁逐步完善。如果立法都要一步到位,则可能会导致争论不休,无法在短时间内通过,所以有时只能选择先妥协通过,然后再一步步完善。我国是从计划经济向市场经济转轨的国家,在转轨的过程中,旧的思想、旧的观念也在不断干扰经济社会的变迁,干扰改革开放,这是必然的。这些旧的东西不会自动退出历史舞台,当然,在立法过程中,该争论的还是要争论,立法一定是一个协调的过程,但是永远不要放弃制定你认为最好的法律的追求和努力,这一点很重要。我们要去争取,也要懂得妥协,如果只会去争取,只是从学术的角度、从个人观点的角度去处理问题,往往难以真正为立法提供帮助。另外,在参加立法工作的过程中不懂得协调让步,过于坚持己见,也可能会对自己的眼界开阔、能力提升形成障碍。我们在立法工作中也遇到不断地为个人观点去争论的情况,但最终的立法结果是遵循相应规律的,不会为一些偏激的争论所改变。无论是制定法律,还是制定司法解释,都需要经历这样的过程。你认为很好的意见,可能会有人提出修改,但只要还留有前进的余地,能够基本保证法律顺利实施,那么为了让法律及早出台,恐怕就需要作出协调让步。

作为中国代表团成员参加联合国贸法会的立法工作时,我发现,这是专业的人在干专业的事情,一般而言,没有政治倾向,没有国家站队,有的只是解决问题,探讨学术与实务。在联合国贸法会这种体制的机构中,我们应该从能不能解决实际问题,在学术理论上能否成立,是否具有实用性等方面来考察。客观地讲,美国、欧盟国家、新加坡、日本等国家的市场经济已经发展多年,他们的破产法也存在多年,每个国家都有自己的国情,需要解决的社会问题不同,彼此的破产法制度都会有差异。因此,我们不能孤立地去看一国的破产法制度,比如,在破产财产范围的确定方面,有的国家采用膨胀主义,有的国家采用固定主义,这些规则对于债权清偿而言仿佛差异很大,但实际上每一条规则后面都有一系列其他制度支撑来解决采用某种主义会产生的相关问题,只要能把后面产生的问题解决好,那么就可以将规则制度实行下去。在联合国贸法会的工作中,大家都是“求大同存小异”,而且立法指南、示范法等都是示范性的,而非强制性的。在这些工作中,我认为,破产法作为市场经济的基础法律,它在各国的发展历程上存在大同,也正因为存在大同,所以才能制定出示范法、立法指南,从而指导多数国家的立法工作。同时,它也给各国留下很多自己可以发挥的空间,各国的国情可以在这些地方体现出来。有时候联合国制定的立法指南、示范法会提供多种方法去解决问题,这启发我们的立法需要做到兼容并蓄。我们做学术研究、解决实务问题,都需要体现出现代经济社会的整体发展方向。联合国贸法会的立法工作是以问题为导向,具有前沿性、实践性、学术性。我相信联合国制定的很多规定对我国的立法完善是有很大帮助的,这需要进一步强化改革开放的思想。另外,我们需要深入理解市场经济发展所需的法律体系的基本框架、原则、宗旨等,只有把握好这些,才能更好地建立一个与市场经济发展相适应的法律体系。

四、道德文章　七十不惑

徐阳光:我个人作为王老师的学生,在接受王老师的指导过程中也有很深的体会。我记得以前在研究生阶段写文章的时候,王老师的指导意见让我很受启发。比如,现在有一些法律草案第多少条规定什么,王老师的指导意见是,需要写清楚某草案第多少条“拟”规定,表明它不是最终的规定。另外,我们看到现在有些文章在讨论观点的时候,很容易就得出别人的观点是绝对错误的结论,这是不妥的。王老师在文章中一般会表述某个观点是“需要商榷的”,除非是违背常识且是明显错误的观点。我认为,一个人的境界也会决定他文章的境界,当然,一个人的风格也会体现在文章上,不同的人写作用词、语言表达、文章逻辑以及严谨程度是不同的,所以为人和做学问是密切相关的。因此,我想请教王老师,您怎么看待为人与治学、学术与人品之间的关系?

王欣新:谈及为人与治学,应该说二者是紧密联系在一起的。如果你是“躺平”或者喜欢“内卷”的,持这样的观念,对于做学问来说是很难取得真正的成果的。为人与治学之间是存在很多共性的,不怕苦不怕累的人可以努力去做研究,(还需要)具备一定的理解能力、逻辑比较清晰、写文章能够抓住问题导向等。现在我们看到的一些文章还是有一些逻辑、观点上的问题,存在改进余地的,需要不断地努力提升自己。

学品与人品有关,但不完全挂钩。在这里我们不能把学者神圣化,学者也是普通人。而作为一个普通人,学者也有他自己性格上的问题,也会有做人方面的不足。我们要把学者看作普通人,只不过努力的方向、思考方式可能有所差异。有的天才可能在学术方面,有的可能在其他方面。我们认识学者往往是从文章、著作上着手,从学者的观点上去认识。实际上每个人对社会贡献的方面可以是不一样的。

徐阳光:本期活动的主题——“七十不惑”,这一用语源于王老师第四本自选集的序言。王老师在其自选集序言中的原话如下:“春秋时,孔子云,四十而不惑。所谓‘不惑’,无非是对万物明辨不疑,不再感到迷惑,心境能够超然于物外。继续学习和研究工作的目的之一,也是为自己解惑。现代人的寿命大大延长了,需要后续教育的东西很多,而且现在的社会又太复杂,充满各种欲望的诱惑,所以只能改曰'七十而不惑'。也就是说,要退休 10 年,过惯了与在职不同的退休生活后,才可能看破红尘。而我感觉自己对人情世故乃至学术问题仍有许多看不清的困惑、疑问,需要进一步研究学习。生活本是没有退休之说的,所谓不惑者,只是能有更为明确、现实并具有谦抑性的目标,能够让我们较为愉悦地减负前行,'功成归物外,自在乐云霞'。"有请王老师谈谈您采用"七十不惑"这一表述时的心境,以及您对未来有什么样的规划?

王欣新:"七十不惑"也是我借鉴了别人的表述。在孔子的年代,医疗条件比较差,人生苦短,四十"不惑",五十就要"知天命"了,再晚点可能就没命了。现在医疗条件相对好多了,人的寿命延长了。为什么说"七十不惑"?其中一个因素就是,人到 60 岁一般就退休了,在退休之前你的工作生活是一个状态,在退休之后又是另一个生活状态,二者可能具有比较大的差异。个人对生活的态度如何,只有在退休之后经历 10 年,能够把退休前后的生活相融合为一体,你对社会才会有一个更为清晰的认识,而不仅仅是对某一个阶段人生的感悟。

我认为,所谓"不惑"就是等到你 70 岁的时候,人生大局的境界已经体验到了,不会再被一些不现实的欲望,或者是过去不太理解的问题困扰。简单地讲,"不惑"就是做到明事理。现在大家在抖音或其他网络平台看到个别老人家在干坏事,认为不是老人变坏,而是坏人变老。有的时候,就算一个人已经 70 岁、80 岁,也不一定明辨事理,但如果不明辨事理,肯定还会有各种各样的"惑"。这种"惑"包括你的行为不能为社会接受,或者你想达到的目标根本不具有实现的现实基础。

除了明事理外,我认为还要知进退,懂取舍。其实"知进退、懂取舍"这一点,在生活中往往是随时需要、随处可见的。只不过年轻的时候可能什么都想得到,但过一段时间后,你就会明白人的局限性,明白自己能力的限制,也明白自己的兴趣所在,这时候你就要有所取舍,明了进退。所以,"七十不惑"主要是指经过自己长时间的社会经历,对于以前生活中不太明白的事情现在基本能理解了,看开了,或者你明确知道自己对未来的发展规划,想要达到的生活目标,这是我认为最主要的。当然,对人生永远都要有追求,不是说"不惑”就是“躺平”，没有进取心，这也是不可行的。人在任何时候都要有进取心，哪怕卧病在床，也要思考下一步怎么去发展，怎么去努力，人都终将离开这个世界，只要最后走的时候能够说，“我已经尽力了”。就我而言，如果我 80 岁、90 岁还有精力和体力开展学术活动，我还会继续走下去，也谢谢大家的支持。

徐阳光：好的，希望王老师可以继续从事学术研究，享受美好的生活，继续带领我们在破产法研究和制度建设的道路上前进。我也希望今后每隔 5 年、10 年就可以举行一个这样的对话交流的活动，再次聆听您对学习生活的新体会。

五、憧憬未来　永无止境

徐阳光：交流会已接近尾声。最后，我想请王老师就两个方面进行分享，第一，对学校在读的学生以及从事教学科研工作的年轻人，也包括在实务中从事破产业务以及相关工作的年轻人，您有什么建议？第二，我们在立法工作中既要学会妥协让步，也不能失去对最理想制度的追求，那么我们破产法同仁都期待破产法“美丽新世界”的到来，请您谈谈对破产法“美丽新世界”的理解，谢谢。

王欣新：第一个方面在之前谈论问题的时候已有所涉及。我认为，人生永远是一个学习追求的过程，是永无止境的，如果你止步不前了，你真正意义上的人生也就停止了。所以我们要不断学习新的知识，提升自己的能力，尤其是可以解决社会问题的能力，接受挑战，作出更大的成绩。至于具体在哪一个方面实现这个目标，我希望在座的大家如果对破产法感兴趣，就在破产法领域实现这个目标。当然，毕竟每个人的人生轨迹不同，可能有时只是在某个阶段、某个时期跟破产法有交集。最重要的还是提升自己的能力，规划人生目标。人生从来不会局限在某一个固定的角落，如果真的受到局限，那么设下这迷阵的可能就是你自己。所以大家就要不断学习，努力进步，开阔眼界，取得更大的成绩。

谈及破产法的“美丽新世界”，首先需要明确破产法为什么值得我们重视。破产法是市场经济的基本法律，从市场运行的角度来看，一般有三个阶段:一是市场进入,二是市场运营,三是市场退出。市场进入基本是一个意思自治下的活动,是否选择进入市场取决于个人的意愿。市场经营的基础也是意思自治,签订合同、取得财产权等,都是在《中华人民共和国民法典》[①]等相关法律调整下的活动。因此,前两个阶段基本是在个人自愿的基础上进行,而市场退出则是带有一定强制性色彩的领域,尤其是破产退出。我认为,破产法是相对于涉及市场进入、市场经营法律制度而言更为复杂的法律,也更能体现法律的基本属性。从某种意义上讲,与市场进入、市场经营相关的法律是调整一般性法律关系的,而破产法是调整特殊法律关系的。破产法的特殊性是建立在一般性基础之上的,有一般才会有特殊。所以,《民法典》等法律所涉及的规则都是与破产法密切相关的,是破产法的一般性基础。如果你想理解破产法,就要先把握一般性法律基础。破产法是根据一般性规则在特殊情况下作出调整,这要求你掌握的法律知识相比其他法律领域更为广泛。同时,破产法既是实体法,也是程序法,适用破产法解决实务问题时对个人能力的要求更高。在这个意义上,研究民商法的人不一定自然就能懂得破产法,甚至个别情况下根据民商法一般理论得出的结论,在破产法领域可能是错误的,因为这个一般性规则不适合破产的特殊情况。同时,理解破产法的特殊性又离不开一般性的规则,否则就无法拥有一个坚实的基础。

破产法是一个跨越多个领域的法律,是不断前进和发展的。我们要创造破产法的"美丽新世界",就要用相比研习其他法律部门更多的精力去学习破产法、运用破产法。之所以说是"新世界",不仅是因为破产法在我国属于一个比较新的法律领域,还因为市场经济本身的发展为破产法创造了更广阔的天地。如在涉及数字经济的场合,破产法如何保障当事人的各种权利等。破产法是随着市场经济的发展而发展的,在这过程中产生的各种问题是破产法无法回避、必须要解决的。否则,市场退出渠道不能畅通,整个市场经济发展就会"肠梗阻"、停滞不前。另外,破产法的"美丽新世界",也表明其需要不断优化制度、完善制度,需要我们付出更多的努力来实现"美丽"的效果。这既是一种激励,也是一种鞭策。希望大家将来无论在哪个领域发展,都要抱着一个努力实现并见证"美丽新世界"的愿望不断前进。

---

① 以下简称《民法典》。

徐阳光：好的。感谢王老师的分享。在与听众交流之前，我想先做一个小结。第一，王老师的经历告诉我们，只要你热爱一个事业，那么无论你在什么时候开始关注和研究，都不会晚。第二，为人与治学是密切相关的，我们都要在这两个方面下功夫。第三，法学各个专业领域之间是相通的，虽然最后我们会有相对聚焦的研究领域，但这并不妨碍我们去接受更广泛的知识。王老师之所以可以发表诸多对理论界、实务界影响力很大的破产法文章，是因为他的文章是建立在多个法学专业领域基础之上的，综合了多个法学方向的知识基础。很多人认为，破产法是一个技术性很强的小领域，这是因为没有深入发掘破产法的基础理论，王老师在这方面能做到理论与实践并重，对基本范畴与具体问题的研究并重，所以在理论上能实现逻辑连贯性以及体系的自洽。第四，“七十不惑”表明我们现阶段研习法律会充满困惑，这是正常的，大家不必因此犯上焦虑症，也不能因此“躺平”，我们要以积极的心态、积极的作为去迎接现实的挑战。最后，现行的法律制度可能还存在各种问题，但我们心中要有梦想，以此来引领我们继续前进。

六、互动交流　答疑解惑

学生：请问王老师对我们青年学子的职业选择有什么建议？谢谢。

王欣新：在职业选择方面，第一，人是社会的人，所以人的职业选择会受到社会上的很多制约，比如，城市的生活工作环境等，也会成为制约职业选择范围的因素，关键是看你追求的目标。第二，职业选择要考虑个人兴趣，没有个人兴趣的职业生活，就是一种折磨，所以不要把工作和兴趣对立化。第三，职业选择需要结合个人性格以及能力。如果个人的性格比较内向，那么外向型工作就不太合适。如果个人比较喜欢自由，那么“朝九晚五”这种相对限制较严的工作，也可能会让你有约束感。在能力方面，需要考虑职业与个人的知识储备、能力储备是否相匹配。此外，职业选择也需要有取舍，工作的待遇收入相对多的，可能时间上并不自由，空余时间也相对较少；工作相对稳定、轻松的，可能收入会较少；等等，这些都是需要取舍的。

学生：各国国情不同，所以破产法规定也各有不同。我国破产法是要遵循社会主义市场经济基本规律的，我想请王老师简要给我们讲一下，社会主义市场经济对破产法有什么特殊要求,谢谢。

王欣新:第一,市场经济本身是有共性的,共性是基础,所以市场经济对破产法的基本要求应该是大同小异的。我国在制定破产法的时候,在很多方面也是借鉴了其他国家破产法的有益内容。随着我国市场经济不断发展,改革开放不断深入,共性的部分应该会越来越多。当然,我国也有特殊性,而特殊性是体现在一般性基础之上的,有时建立一种临时性或过渡性的制度可能是市场经济发展尚未达到一定阶段的需要。比如在职工债权保护方面,很多人认为,这是社会主义破产法的一个重要特征,但如果结合其他国家的破产立法作一体考察,会发现有的国家对职工权益的保护程度比我国更高,甚至可以优先于担保债权受偿,商业性利益与生存性利益相比还是具有差异性。第二,我们要思考在市场经济背景下,应该怎么去设计破产法的基本框架和规定。第三,我们要思考有哪些特殊问题是需要在破产法中作特别规定的,这个规定是长久性的还是暂时性的,如何去理解,如果我们把这些问题都考虑得比较全面,那么我们在阅读理解联合国制定的破产法规则或其他国家的相关立法时就会找到更多的连接点。

学生:我赞同王老师所说的不要把自己的发展局限在一个角落里,但我觉得人始终是要走向社会的,我想请问如何更好地把握社会的发展,让自己的兴趣与未来发展方向更为契合?

王欣新:这个问题比较大。首先,黑格尔说“存在即合理”,现在所有存在的职业都有它存在的必要性,但我们也要看到社会是不断发展的,有新生事物,也会有逐步淘汰的事物,其关键就是能够抓住规律。其次,如果说要有一个什么标准或者方法,这是无法简单回答的,因为每个人的情况不一样。我觉得总体上应该要有以下四个方面:一是符合个人兴趣,二是个人能力范围所及,三是社会允许,四是个人有条件做得更好。

学生:王老师,您觉得具备什么特质才能让我们在破产管理人工作中做得更好?

王欣新:首先是专业知识或者专业能力过硬,这是毋庸置疑的。其次就是与人沟通的能力,管理人在从事破产业务时,除要适用法律外,更多的还是要协调沟通,与债权人、债务人、投资人以及其他利害关系人沟通,要善用多种方式解决问题。如果沟通不好,那么就算个人的专业知识掌握得再好,也难以处理好破产案件。

徐阳光：谢谢王老师，我再追加一点，做破产业务要求个人必须能吃苦，也能受委屈，这个可能是与其他法律业务相比差别较大的一点。

学生：王老师，请问您觉得最理想的破产法是什么样的？

王欣新：这个问题也比较大，可以从多个角度得出不同结论。简单来说，第一，破产法应该能全面解决我国现阶段市场经济发展中所涉及的各种市场主体的破产问题，具有时代的针对性。第二，破产法应该具有实用性，能够在实践中落地，可资操作。第三，希望破产法可以有应对实践中不断出现的新问题的制度弹性，适应发展的需要，债务人、债权人以及其他利害关系人的权益能够在破产程序中得到充分的保障。

《绝境再生：破产法市场化法治化实施之路》编后记

徐阳光*

2022 年 5 月，我们举办恩师王欣新教授 70 华诞暨从教 36 周年纪念活动，借此契机出版王欣新教授第四部自选集，举办破产法学术思想研讨会，致力于团结破产法同仁，凝聚破产法共识，推动破产法和中国法治事业的进步。

恩师王欣新教授具有多重身份。作为中国人民大学法学院教授，他几乎凭一己之力开创了人大法学院的破产法学科，独著"新编 21 世纪法学系列教材"之《破产法》，入选普通高等教育"十一五"国家级规划教材；主编《破产法原理与案例教程》，成为全国法律专业学位研究生教育指导委员会秘书处推荐教材；他承担了本科生和研究生的"破产法"课程，主持的"破产法"课程被评为 2010 年度国家级精品课程（网络教育类）；他精心指导 100 多位硕士研究生和博士研究生，为国家法治建设培养了一批优秀的人才。作为中国人民大学破产法研究中心主任和北京市破产法学会会长，以及这两个机构的创建者，他在推进学科发展、人才培养和课程建设的基础上，克服困难搭建了"中国破产法论坛"及其专题研讨会、破产法文库、破产法前沿系列讲座等学术平台，得到了全国理论界与实务界同仁的高度认可和大力支持，使其成为国内破产法领域砥砺思想、凝集共识的顶尖学术交流平台。作为全国人大财经委《企业破产法》起草工作组成员和修改工作组成员，他秉持学术报国之心，热忱投入破产立法工作，坚守学术立场，博采各方思想，在博弈和妥协的立法过

* 中国人民大学法学院教授、博士研究生导师，中国人民大学破产法研究中心副主任兼秘书长，北京市破产法学会会长。

程中尽可能地追求法律的完美。作为最高人民法院企业破产法司法解释起草小组顾问，他深度参与企业破产法系列司法解释的起草和论证，以及破产法司法解释理解与适用的著作撰写。作为联合国国际贸易法委员会第五工作组（破产法组）中国代表团成员中唯一的学者代表，他自 2015 年至今每年都坚持参加联合国在纽约、维也纳召开的工作会议，参与了《贸易法委员会关于承认和执行与破产有关判决的示范法》《贸易法委员会企业集团破产示范法》《临近破产期间董事的义务：企业集团》《便利跨国企业集团的跨国界破产：立法条文》《小微企业破产法立法建议》《贸易法委员会跨境破产示范法：司法角度的审视》《破产程序中民事资产追查和追回》《破产程序的适用法律》等一系列国际文件的起草和审议，在国际舞台发出了中国声音。

恩师王欣新教授早年学习刑事诉讼法，毕业留校后进入经济法教研室，研究涉及公司法、证券法、破产法等多个领域，最终聚焦在破产法领域 20 余载。毫无疑问，破产法是老师投入精力和感情最多的专业领域。从理论到实务，从讲台到田野，从学术到普法，从立法到司法，从国内到国外，都有老师的身影、步伐和成果，值得我们记载和总结。

我作为弟子代表，有幸蒙受恩师王欣新教授在为人与治学方面的言传身教长达 21 年之久，继续负责编辑出版其继《破产法理论与实务疑难问题研究》《公司证券法治与司法制度研究》《破产法前沿问题思辨》之后的第四部自选文集。在我指导的博士研究生梁春瑾同学的协助下，挑选整理了王欣新教授自 2017 年以来发表的 46 篇文章，集成《绝境再生——破产法市场化法治化实施之路》一书，纳入“破产法文库”并由法律出版社出版。本书内容涵盖“破产法的市场化实施与营商环境”“破产法与民法典的协调适用”“破产法与债务人困境拯救”“破产程序与担保责任”“破产债权的保护”“程序启动与实质合并”“个人破产与跨境破产”“典型案例点评”8 个主题，接近 40 万字的篇幅较为完整地呈现了恩师近 5 年来的思想和观点。

透过本书，我们可以看到王欣新教授关注的问题点随着破产法的深入实施和时代的进步而与时俱进，而不变的是老师对法治事业的赤诚之心，对破产法实施问题的持续关注和对破产法理论逻辑的一以贯之。本书关于破产法在营商环境优化建设中的地位和作用、破产法与民法典的协调、债转股问题的论辩、破产与担保的关系、预重整制度的构建、管理人制度的改革、府院联动机制的完善、个人破产立法的设想等诸多问题的分析,既有破产法律框架体系调整之“尽广大”,亦体现了细节问题深入论证之“尽精微”。王欣新教授关于破产法的理论思想和学术观点,建基于其深厚的理论法学功底和综合的部门法知识,体现了万变不离其宗的精神,不仅凸显了破产法基本理论研究的价值,更保证了破产法律规则体系内在逻辑之完备与自洽。

恩师王欣新教授始终保持严谨的治学精神和谦虚的学术态度,其在自序中有言:“现代人的寿命大大延长了,需要后续教育的东西很多,而且现在的社会又太复杂,充满各种欲望的诱惑,所以只能改曰‘七十而不惑’。也就是说,要退休 10 年,过惯了与在职不同的退休生活后,才可能看破红尘。而我感觉自己对人情世故乃至学术问题仍有许多看不清的困惑、疑问,需要进一步研究学习。”恩师“七十而不惑”的人生领悟和每隔 5 年出版一部自选集的频率,让我等后学晚辈更加深知自己还有很多未知的领域和未解之难题需要去钻研和解决。师者如此,我等岂敢懈怠。

谨承师训,砥砺前行!

二、困境拯救

破产法在危机中的作用及其局限性*

[美]爱德华·莫瑞瑟** [美]安德莉亚·萨维德拉*** 著
芮晨宸**** 译

目前,学者们也不确定《美国破产法典》,尤其是其第11章,对于解决商业困境是否有好处。我们认为,第11章为目前针对大型公司(例如航空公司)的现行刺激政策提供了补充,财政部应考虑将其作为获得政府支持资金的前提条件,尤其是当该公司在本次危机之前就已经高度杠杆化时。对于这些借款人,第11章提供了一种灵活、快速的危机测试工具用于保护企业和重整债务,使他们得以摆脱对创新的束缚,同时确保这些改进的成本主要由投资者而非纳税人承担。但是,对于消费者和小型企业来说,破产应作为其他政策的后位方案。消费者破产法的主要目标是偿还债务,但这并不是大多数消费者现在所需要的,他们需要的是过桥资金和宽限期,直到危机结束恢复工作。从理论上讲,这些重要的政策杠杆——过桥资金和宽限期,在第11章中也同样适用于小型企业。但实际情况是,破产对于许多对企业经营至关重要的所有者或者经理而言,并没有吸引力,反而可能会使所有者权益在破产

---

* 本文原标题为 *Bankruptcy's Role in the COVID - 19 Crisis*,于2020年4月7日发表于哥伦比亚法与经济学工作报告第624期,后被编入哥伦比亚大学法学院于2020年4月20日公开发布的《新冠时期的法律》(Law in the Time of COVID - 19)一书中,并被哈佛法学院破产法圆桌会议收录。感谢作者授权刊发中文译稿。

** Edward R. Morrison,美国哥伦比亚大学法学院教授,全美破产协会成员,美国联邦最高法院破产法规咨询委员会成员,在破产法、公司重整、公司金融、法与经济学等领域有卓越研究。

*** Andrea C. Saavedra,哥伦比亚大学法学院助理院长。

**** 北京大学法学院经济法学博士研究生,研究方向为公司法与证券法、公司融资与资本市场监管、商法。

时被抹去。即使将这一问题放在一边,我们的破产法院也可能没有能力为大量的小型企业破产案件提供服务。尽管如此,我们相信破产应在当前危机中起到后背支撑作用,并且这种后背支撑可能在未来几个月内被大量使用。因此,我们鼓励政策制定者确保为我们的法院提供足够的资金,这可能需要更多的法官和受托人。

一、导　论

美国政府的社会隔离要求,已经造成美国经济的大部分部门被关闭。[①]许多美国家庭和企业现在正经历收入的陡然下降,并且随之而来的是不断增长的、无力偿还的债务。这是破产法可以设法解决的问题。就家庭而言,破产是消除财务压力的一种途径:法律可以中止收款工作、减少或清偿债务以换取资产或未来收入。就企业而言,破产重设了与债权人的议价表:公司被给予时间重新协商债务、更新业务、重新协商合同,并提出与其支付能力一致的还款计划。这通常涉及清除旧股东的权利、将旧债转换为新股本。通过这些程序,债务人将获得“全新开始”,经济在理论上会变得更好。

上述解决方案是经过时间考验的。当2008年的金融危机威胁到包括通用汽车和克莱斯勒在内的美国一些最大的产业公司时,破产充当了解决之道。[②] 2000年年初,当航空业面临威胁着全行业的困境时,破产是许多航空公司的出路,其中包括达美航空、美联航、西北航空和美国航空公司等。

决策者是否应该依靠我们的破产法来减轻当前消费者、小型企业和大公司所承受的财务压力?[③] 破产应当是面向大公司的核心政策,但仅应作为面向消费者和小型企业政策的后位方案。

在解释这些重点之前,我们将概述破产的运作方式。

---

① See, e. g., Michael D. Shear, *Trump Extends Social Distancing Guidelines through End of April*, New York Times(2020).

② 美国联邦政府在破产程序中帮助了这些企业,我们会在本文后续讨论相关问题。

③ 有学者分析了2008年金融危机中,针对金融机构采用破产还是政府救助的优劣。Kenneth Ayotte & David A. Skeel, Jr., *Bankruptcy or Bailouts*?, 35 Journal of Corporation Law 469(2010).

二、工作原理:消费者和公司破产

《美国破产法典》有3个章节为陷入困境的消费者和企业提供了主要的救济途径:第7章(个人和企业均可适用的清算程序)、[①]第11章(主要对公司适用的重整程序)[②]和第13章(有固定收入的人可适用的还款计划)。[③]

当一份破产请愿书触发"自动中止"(automatic stay),世界各地所有债权人的追收努力都会被暂停。[④] 对于个人来说,自动中止使债务人有时间评估其状况,与债权人(特别是担保债权人)进行谈判,或清算资产(第7章),或提出还款计划(第13章)。对于第11章中的企业来说,中止提供了时间来评估公司价值、确定债权金额、重整业务、处理合同或租约,并提出重整计划。

自动中止可能是申请破产最重要的好处,因为它可以防止大多数债权人收取或清算债务。由于这场危机(被预期)是临时性的,此"暂停按钮"可能是许多债务人和企业所需要的全部。同样重要的是,债务人仅通过提交破产申请就可以受益,无须司法行动。

对于消费者来说,第7章和第13章提供了不同种类的权衡。两者都几乎消除了消费者的所有债务,但费用不同。第7章要求消费者放弃超出州或联邦法律规定的全新开始所需的绝对必要资产。如果一些资产存在抵押贷款或留置权,如房屋或汽车,他还将失去这些资产。这个过程非常迅速:对于向法院披露了所有资产的诚实的债务人,这些可以在几周内完成。

对于想要保留在第7章中可能会丢失的资产的消费者来说,更好的选择在第13章中。消费者可以选择放弃3~5年的"可支配收入",而不是放弃资

---

① 11 U.S.C. § § 701 et seq.

② § § 1101 et seq.

③ § § 1301 et seq.

④ § 362. "自动中止"有重要的例外情形。其中一种是允许双方以互换、回购或者其他金融合同来终止合同并扣押抵押物。See generally Edward R. Morrison, Mark, J. Roe, & Christopher S. Sontchi, *Rolling Back the Repo Safe Harbors*, 69 Business Lawyer 1015(2014). 这个例外在之前的(金融)危机中尤为重要,当时危机产生于以金融合同为主的银行部门;但在目前的危机中它扮演的角色并不重要,因为当前银行破产并不是危机的诱发因素。

产。[①] 消费者须每月向担保债权人偿还欠款,如果在支付生活费用后仍有剩余收入,则将剩余部分支付给无担保债权人。[②] 这并不容易。与第 7 章相比,第 13 章的律师费要高得多。[③] 更糟糕的是,大约 2/3 的消费者无法支付第 13 章中要求的还款,[④]他们的案件会被驳回或转换到第 7 章。

对于企业来说,在第 7 章和第 11 章之间进行选择则更直接。第 7 章是一场葬礼,第 11 章则是重生的机会。具体而言,第 7 章将业务移交给受托人,受托人负责清算其资产并将收益分配给债权人。第 11 章则将业务交由管理层处理,这使管理层有机会获得新的高级融资(senior financing)[⑤],就公司继续经营进行估值并提出重整计划,以将公司债务减少到与公司偿债能力相符的水平,同时开展必要的运营上的变化(如重新谈判劳动合同)。债权人对拟议的重整计划进行表决。如果法院批准了该计划,则重整后的公司将以新的资本结构退出破产:旧债务被消除并被重整后的新公司所欠的新债务取代;旧股将被剔除,并由重整后的公司发行的新股代替。在管理人员制订计划时,一个基本规则隐约可见:高级债权人必须在初级债权人之前获得清偿,初级债权人必须在股东得到任何东西之前获得清偿。这就是"绝对优先权规则",它通常意味着在第 11 章的重整中将股东抹除,[⑥]初级债务也可能会被抹除。公司重整后能够保留权利的债权人拥有的债权是最高级的(顺位优先)、集中在公司偿债能力范围内的。在这些债权人中,重整公司的股权通常会转移给最初级的债权人。

第 11 章的流程在设计时就考虑到大公司(实际上,它是根据重整铁路公司的旧规定而设计的),并且在过去的 40 年中,整个程序已对这些企业变得友好、适用便利。大型公司的"第 11 章案件"往往会得到很快处理,因为与其

---

① § 1325(b)(2). See also Official Form 122C-2.

② § 1326.

③ See, e. g., Pamela Foohey, Robert M. Lawless, Katherine Porter & Deborah Thorne, "*No Money Down" Bankruptcy*, 90 Southern California Law Review 1055(2016).

④ See, e. g., Edward R. Morrison & Antoine Uettwiller, *Consumer Bankruptcy Pathologies*, 173 Journal of Institutional & Theoretical Economics 174(2017), and sources cited therein.

⑤ 此文重点讨论了第 11 章扮演的流动性增强角色:Kenneth Ayotte & David A. Skeel, Jr., *Bankruptcy Law as Liquidity Provider*, 80 University of Chicago Law Review 1557(2013).

⑥ See, e. g., Barry E. Adler, Vedran Capkun & Lawrence A. Weiss, *Value Destruction in the New Era of Chapter* 11, 29 Journal of Law, Economics & Organization 461(2013).

他案件的当事人不同，这些企业大多数都拥有专业支持，而且非常具有预见性，通常都能够在提出破产申请之前就与债权人展开谈判，从而为争议较小甚至预先批准的重整方案扫清道路（这些情形被称为“预先协商”或“预先打包”的案件）。通常这些谈判不仅会消除债权人的反对意见，而且还会涉及债务人在申请破产后迅速出售公司的承诺，①出售所得的款项将依照留置权和偿付的优先级的顺位分配给债权人。

美国一些最大的公司已使用第 11 章来补救困境并使其财务状况更健康。这些公司包括航空公司（如美联航和达美航空）、汽车制造商（通用汽车和克莱斯勒）、金融机构（CIT 集团）以及石油公司（德士古）。其他大型公司已将第 11 章作为通过“363 条款”出售与其他公司合并的快速方法。美国航空公司就是一个很好的例子，它通过“363 条款”项下的出售获得了环球航空公司。随后，在自己的“第 11 章案件”中，美国航空公司又与全美航空公司合并了。

第 11 章在金融危机中也很有效。通用汽车和克莱斯勒公司提供了很好的例证。两者都在 2008 年金融危机期间濒临死亡，但进入第 11 章破产程序后，两家公司从联邦政府那里获得了财务支持。② 两家公司都在数周之内找到了买方。③ 在联邦政府资助下，快速破产程序使两家公司能够重新谈判和减轻过去数十年来一直拖累创新的遗留债务。在此过程中，本质上也让美国政府能够通过拯救这些汽车巨头的供应链，从而保住整个汽车行业上下游的工作。无论联邦政府现在决定为航空航天业做些什么，这些先例都说明了政府支持下的破产重整可以帮助稳定美国经济，也证明了这是对纳税人资金的良好投资。

但我们并不是说第 11 章是完美的。当投资者争相追回资金时，可能会对公司经营造成重大干扰。例如一项研究发现，当公司进入破产时，工人的工

---

① See, e. g., Melissa B. Jacoby & Edward J. Janger, *Ice Cube Bonds: Allocating the Price of Process in Chapter* 11 *Bankruptcy*, 123 Yale Law Journal 862 (2014); Douglas G. Baird & Robert K. Rasmussen, *The End of* Bankruptcy, 55 Stanford Law Review 751, 777 – 788 (2002).

② 很多企业在危机中同样成功运用了第 11 章，但没有受到任何政府救助，包括汽车零部件行业的李尔公司（Lear Corp.）和伟世通公司（Visteon Corp.），以及化学行业的特诺公司（Tronox Inc.）。

③ See Anthony J. Casey & Eric A. Posner, *A Framework for Bailout Regulation*, 91 Notre Dame Law Review 479 (2015).

资将遭受长期的下降。[①] 此外,学者还发现,一个“第 11 章案件”的动态,包括持续时间、成本和最终结果,都取决于对于债权人优先级和公司价值的抗辩和难以预测的司法裁决。[②] 最后,研究表明,有担保债权人对整个程序的影响力过大。这是因为该公司破产前的担保债权人通常就是破产企业的资金方(通常也是唯一可用的资金方),这给了他们过大的影响力,可能导致(公司)以“贱价出售”的价格被快速出手,而非进入重整。[③]

尽管第 11 章的这些缺点很突出,但我们认为可以在当前危机中加以解决。当公司没有利润时,无论公司是否申请破产,工人的工资都会大幅下降。尽管申请(破产)在一般情形下可能加剧这种工资下降的趋势,但在当前这场危机之中,预期效果是否相同尚不清楚,特别是如果政府是破产公司流动性的主要提供者,并利用该权力作为杠杆来影响工资的发放时。在当前形势下,“贱价出售”的风险取决于有担保的出借人施加的影响。如果他们也存在经济压力,出借人可能更倾向于从贱价销售中获得快速现金,而不是公司重整后的流动性差(但价值较高)的债权。因此,贱价出售的风险在很大程度上取决于政府政策(通过美联储的行动)在多大程度上减轻了金融部门的财务压力。此外,如果在“第 11 章案件”中压力较大的银行部门不愿为公司提供资金,则政府将在资金提供方面扮演不可或缺的角色,以防止不必要的贱价出售并保障就业。

第 11 章的一个更根本性的弱点是,它不适合许多小型企业。(对于小型企业而言,)公司价值的 30% 将被专业费用消耗殆尽。[④] 此外,约有 2/3 的小

---

① 这项研究的作者还发现在存在高破产风险的公司中工人会接受工资保险。John R. Graham, Hyunseob Kim, Si Li & Jiaping Qiu, *Employee Costs of Corporate Bankruptcy*, working paper(2020).

② See, e. g., Anthony J. Casey & Julia Simon-Kerr, *A Simple Theory of Complex Valuation*, 113 Michigan Law Review 1175 (2015); Douglas G. Baird & Donald S. Bernstein, *Absolute Priority, Valuation Uncertainty, and the Reorganization Bargain*, 115 Yale Law Journal 1930(2006).

③ See, e. g., Kenneth Ayotte & Jared A. Ellias, *Bankruptcy Process for Sale*, working paper (2020); Kenneth M. Ayotte & Edward R. Morrison, *Creditor Control and Conflict in Chapter 11*, 2 Journal of Legal Analysis 511(2009).

④ Arturo Bris, Ivo Welch & Ning Zhu, *The Costs of Bankruptcy: Chapter 7 Liquidation versus Chapter 11 Reorganization*, 61 Journal of Finance 1253(2006).

型企业的“第 11 章案件”终止于清算或驳回(这将导致依据州法律进行清算)。[①] 部分原因是大多数小型企业没有定期审计,几乎没有或完全没有专门从事公司财务管理的人力资源。[②] 因此,当他们进入第 11 章时,往往发现公司过去的财务记录难以恢复。这些情况使绝大多数小型企业从未提出过破产申请,他们只是简单地选择关门大吉。[③] 这就是我们为什么质疑破产可能不是针对小型企业的适当补救措施的原因之一。

国会已采取措施减轻第 11 章在适用于小型企业时的弱点。去年(2019年)夏天,国会通过了《2019 年小企业重整法》(Small Business Reorganization Act of 2019)[④],该法案于 2020 年 2 月 19 日正式生效。该法案的核心特征是部分消除了破产中的绝对优先权规则。这很重要,因为许多企业都是围绕着业主经理(owner-manager)的技能来组织的,没有业主经理,就没有企业本身。扫除业主经理的绝对优先权规则,将会强烈挫伤业主经理通过破产来帮助企业走出困境的意愿。相比之下,根据新法,即使无担保债权人没有得到全部清偿,小企业主也可以保留其股权,只需要依据第 11 章的安排承诺在 3 ~ 5 年时间内将企业的全部“可支配收入”承付给这些债权人即可。废除绝对优先权规则使第 11 章对小型企业更具吸引力,其中原因有二:第一,企业主将不再因害怕失去所有权而打消(申请破产的)念头;第二,通过保留其股权,他们有更大的动力来帮助公司复兴,包括还清剩余债务。

新法的麻烦在于其适用范围有限。最初,它仅适用于债务低于 270 万美元的企业;《冠状病毒援助、救济和经济安全法案》(Coronavirus Aid, Relief,

---

① Elizabeth Warren & Jay Lawrence Westbrook, *The Success of Chapter* 11: *A Challenge to the Critics*, 107 Michigan Law Review 603 (2009); Douglas G. Baird & Edward R. Morrison, *Serial Entrepreneurs and Small Business Bankruptcy*, 105 Columbia Law Review 2310 (2005); Edward R. Morrison, *Bankruptcy Decision Making*: *An Empirical Study of Continuation Bias in Small Business Bankruptcies*, 50 The Journal of Law & Economics 381(2007).

② Douglas G. Baird & Edward R. Morrison, *Serial Entrepreneurs and Small Business Bankruptcy*, 105 Columbia Law Review 2310 (2005); Edward R. Morrison, *Bankruptcy Decision Making*: *An Empirical Study of Continuation Bias in Small Business Bankruptcies*, 50 The Journal of Law & Economics 381(2007).

③ Edward R. Morrison, *Bargaining around Bankruptcy*: *Small Business Distress and State Law*, 38 Journal of Legal Study 255(2009).

④ 目前已经成为第 11 章中的第五分章。

and Economic Security Act)将债务上限提高到750万美元。然而,即使达到这个上限,据学者估计,在全部的"第11章案件"中,也只有59%符合条件,[①]因为绝大多数案件是由小企业提起的。此外,该法案还面临一些行政方面的挑战:它任命了一名"常设受托人"(standing trustee),以监督债务人在提出和完成持续多年的重整计划的进展。受托人可以帮助及早发现无法存活的企业(寻求将其解散或转换到第7章),并帮助能够活下去的企业制定可行的方案。尚不清楚是否有足够的常任受托人来承接日益增加的小型企业的(破产)申请。但我们知道,无论是这些受托人还是破产法院都缺乏处理相关案件的足够经验。

三、危机中破产法的局限性

破产法的弱点可分为三类。第一个弱点是费用问题。那些本可以从破产中受益的人可能会因为破产程序的花费(过高)而逃避破产。这一向是个大问题,同时可能加剧当前的危机。对消费者来说,长期以来一直存在与申请破产相关的污名化。在消费者的个人信用报告中,破产申请将会被标记数年。研究表明,这导致了只有很少一部分可能从破产中受益的消费者,在实际上申请了破产保护。[②]

对企业来说,费用问题也十分突出,因为股东权利排在债权人请求之后,尤其是在企业资不抵债或资本不足的情况下。任何规模企业的所有者和股东都可能会抵制消灭其自身所有权的程序,特别是如果他们认为企业可以在短期内恢复。确实,由于股东通常会在破产中被踢出,公司的董事可能会为了保存股权价值而推迟申请(破产)。

第二个弱点是流动性问题。对消费者来说,破产的"新起点"是清算旧债,而不是在危机期间收入下降时,获得支付花销所需的现金。的确,对许多

① Robert Lawless, *The Small Business Reorganization Act of 2019 and COVID-19*, Credit Slips blog post.

② See, e.g., Michelle J. White, *Why Don't More Households File for Bankruptcy?*, 14 Journal of Law, Economics & Organization 205(1998).

消费者来说,债务清算是他们承受压力的非正确处方:①危机结束后,他们重返工作岗位,便能够偿还债务。他们当下需要的是财政援助,或者是对于现在到期的债务的宽限期。对企业来说,流动性也是一个关键的问题:它们的生存能力在很大程度上取决于能否获得贷款(或现金抵押品)用以(支付)公司的工资、租金、购买性投入等。当前的危机可能使银行不愿意扩大信用。此外,如果危机损害了银行本身的财务状况,我们可能会发现,处于破产状态的银行不仅不愿放贷,而且还会积极寻求破产公司的清算。我们在上一次危机中看到了这一点。②

第三个弱点是我们破产法院的容量有限。破产程序是一个"讨价还价"的环境。在法官的监督下,债权人和股东在决定公司命运时会"无所不用其极"地争取偿付。这就要求法官在极端的时间压力下,根据双方提供的可能有偏见且备受争议的信息作出重要决定。在常规经济时期,这是正确的。但在这场危机下,前所未有的案件将大量涌入法院。虽然司法系统的承压将极大程度上治愈危机,(然而)我们知道,当案件数量激增时,法官会改变他们的行为:案件数量的突然增加使法院更倾向于清算小公司,重整大公司(但这么做需要更长的时间)并终止再次申请破产的公司的案件。③ 当法官时间紧张时很可能犯错,因此,我们应当担心当法院被(破产)申请淹没时可能产生的那些错误。

这些薄弱环节(费用、流动性和制度容量)意味着破产法不能作为应对当今消费者和小型企业所面临压力的首要政策。对消费者来说,破产并不能提供他们目前需要的基本补救措施:流动性和宽限期。对小型企业来说,有可能在破产中利用政府支持的借款方的流动性,但大量案件将淹没破产法院。

---

① 消费者和债权人都被不必要的破产执行伤害:消费者将在很多年后才能再次符合破产执行资格[为防止"习惯性破产"(译者注),第七章要求个人破产执行之后必须间隔8年才能再次申请];而债权人则只能在一小部分特定的消费者破产执行后收回很少的债权。

② Sarah Pei Woo & *Regulatory Bankruptcy*: *How Bank Regulation Causes Fire Sales*, 99 The Georgetown Law Journal 1615(2011); Sarah Pei Woo, *Simultaneous Distress of Residential Developers and Their Secured Lenders*: *An Analysis of Bankruptcy and Bank Regulation*, 15 Fordham Journal of Corporate & Financial Law 617(2010).

③ Benjamin Iverson, *Get in Line*: *Chapter* 11 *Restructuring in Crowded Bankruptcy Courts*, 64 Management Science 5370(2018).

同样重要的是,对于由业主经理经营的典型的小企业,他们的参与对企业生存至关重要。除非针对小型企业普遍修改绝对优先权规则(当前仅对债务低于 750 万美元的企业进行修改),否则小企业主可能更愿意在破产程序之外清算其业务,而不是在破产程序中失去所有权。

基于此,我们认为非破产政策(non-bankruptcy policies),尤其是那些扩大流动性和延长宽限期的政策,是面对当前消费者和小企业主困扰的最佳回应。① 具体而言,我们建议国会制定政策,为消费者和小企业的利益创设自动中止的权利。国会于 2003 年通过的《服役人员民事救济法案》(Servicemembers Civil Relief Act)为军人做到了这一点。是时候再做一次了,但这次是针对消费者和小型企业。许多人可能仍会申请破产,特别是在政府政策不充分的情况下。对他们来说,只要政府立即采取措施扩大我们司法系统的能力,破产制度就可以充当安全阀。

我们对破产法在解决大公司困境中的作用更乐观。这场危机使所有企业都陷入了不稳定之中,但有许多企业无论是否出现疫情都极有可能进入窘境。在过去的 10 年中,公司债务(尤其是杠杆借贷)急剧增加,使陷入财务困境的"僵尸公司"得以通过反复为其债务再融资而得以生存并免于破产。据估计,这样的"僵尸公司"占美国上市公司的 16%。② 截至 2019 年年底,即使是投资级债务(investment debt),也有很大一部分面临评级下调。③ 这些数据显示,当下有数量可观的企业应该在破产中进行财务重整(甚至清算),而不是像《冠状病毒援助、救济和经济安全法案》④那样给予它们联邦政府的财政援助。我们认为,(对上述企业)给予进一步资助,而不要求它们同时提出破产申请将是一个错误:资助将使这些公司能够使用公共资金以进一步延迟应

---

① 全美国家破产立法会议(National Bankruptcy Conference, NBC)已经在近期的一封信件中向国会提出了相同的建议,详见 *Disclosure*: *Morrison is a member of the NBC*。

② See *International Banking and Financial Market Developments*, BIS Quarterly Review(September 2017). See also Ryan Bannerjee & Boris Hoffman, *Zombie Firms*: *Causes and Consequences*, BIS Quarterly Review(September 2018).

③ See, e. g., Edward I. Altman, *The Credit Cycle before and after the Market's Awareness of the Coronavirus Crisis in the U. S.*, working paper(April 2, 2020).

④ See Sec. 1105, Senate Bill No. 3548, 116th Congress (proposed March 19, 2020), and H. R. 748, 116th Congress (signed into law March 27, 2020).

当进行的重整。[①]

因此,政府应将第 11 章视为与其他政策协同工作的工具,以减轻企业界的财务压力。对于那些需要重整的企业,政府仍然可以提供流动性,但应当以破产程序中的财务重整的形式进行[②],并迫使投资者承担因过度杠杆而加剧的困境成本。

尽管大量的大型公司案件会使我们的破产法院承受重担,但这些案件都是由专业人员(律师、会计师、投资银行家)带来的,这些专业人员减轻了法院的负担。[③] 更重要的是,破产案件的处理速度主要由提供流动性的机构决定。"现金为王。"由此,政府可以在防止不必要的资产贱价出售和推动重整以保存能活下去的公司(以及美国的工作机会)的过程中扮演重要角色。这正是我们在克莱斯勒和通用汽车案中看到的。即使第 11 章的行政成本不低,我们认为,(这些公司)将从破产程序中的政府救助中受益,这一重要收益足以抵销破产费用,同时迫使投资者承担公司的困境成本。

四、结　　论

美国联邦、州和地方政府已经在执行政策,其中就包括财务救助和宽限期,这将有助于稳定家庭和企业财务,并缩小申请破产的需要。但是,毫无疑问,破产将起重要作用。许多消费者和企业都将申请破产,当它们无力偿还债务导致违约或引发债权人追收债款的行为时(如止赎)。

相应地,对立法者来说,重要的是要考虑如何更好地为这种新的、可能是

---

① 我们的观点认为不仅包括过度举债的公司。它也适用于那些在危机前遇到运营问题或因过去的错误而面临巨额债务的公司。在接受政府救助之外,第 11 章是解决这些问题的适当途径。如果没有第 11 章申请,政府财政援助将发挥双重作用:(1)缓解新冠肺炎危机引起的流动性冲击;(2)为公司解决危机前错误的努力提供资金。(这种双重作用会是不恰当的。——译者注)

② 比如,破产法会赋予公司(在破产法之外没有的)特殊权利,包括重新谈判合同和劳动协议、放弃与预期的经济环境变化不相匹配的资产。

③ 如果案件提交到拥有大量企业困境专业知识的破产法庭,比如特拉华州和纽约南区,成本也可能会降低。虽然有争议,但企业的"法庭选择"导致大量复杂的企业破产案件流向这些法院,使他们能够发展危机中所需的专业知识。例如,通用汽车是一家底特律公司,在 2008 年金融危机期间于纽约申请破产。See Jared A. Ellias, *What Drives Bankruptcy Forum Shopping? Evidence from Market Data*, 47 Journal of Legal Studies 119(2018).

历史性的困境浪潮做好准备。对于大型公司,应该公开并认真地考虑将第 11 章作为优化工具,以防止公司清算并平等保护公众利益,尤其是对于那些需要短期流动性才能生存的企业。实际上,第 11 章甚至可以为行业整合或经营方面的其他创新铺平道路。尽管股东可能会失去投资,但企业和工作机会将得到保留。

同样,对消费者和小型企业来说,虽然破产没有像宽限期或直接收入补贴那样有着直接的帮助,但如果现有的短期流动性危机变得长期化,破产(制度)肯定会被利用。[①] 因此,我们认为立法者扩充法院处理此类案件的能力同样重要,特别是如果立法者希望看到小型企业能从《2019 年小企业重整法》中受益。

① 确实,《冠状病毒援助、救济和经济安全法案》采取的行动已经让破产法典对陷入困境的消费者更具吸引力。该法案修正了法典,将对个人的紧急付款排除在法典的收入资格门槛之外。该法案还允许现有的第 13 章的债务人,请求依据 COVID - 19 造成的收入变化来修改还款计划。

比利时破产预防制度的晚近发展

张世君[*]　赵琬琪[**]

一、比利时破产预防制度的晚近发展

比利时是较早探索建立破产预防制度的国家之一，其在1883年创建的破产和解程序是现代破产和解制度的先河，①但当时的和解程序虽然具备了预防破产的功能，却并没有完全转变以债权人利益为中心的传统观念。② 由于该破产和解程序并不约束担保债权人，企业在执行和解协议过程中无法保全自己现有的财产，因此，企业即使与债权人达成和解协议也难以为继。

以1883年的破产和解程序为基础，比利时在1997年对破产和解程序进行了改进，构建了集和解与重整为一体的司法重组程序，以挽救具有再生可能的企业。进入21世纪后，比利时继续对破产立法进行完善，2009年颁布了单独规定破产预防程序的《企业延续法》③，取代了1997年关于司法重组的法律规范，并在2013年进行了修订。

与之前的破产预防制度相比，比利时《企业延续法》有许多新的发展，例如：放宽了对企业的适用条件，不再严格区分破产原因与司法重组原因；增加

---

* 首都经济贸易大学法学院教授，博士研究生导师。

** 首都经济贸易大学民商法专业硕士研究生。

① Dave D. Ruysscher, *Legal Culture, Path Dependence and Dysfunctional Layering in Belgian Corporate Insolvency Law*, 27 International Insolvency Review 374, 385 (2018).

② See Dave D. Ruysscher, *At the End, the Creditors Win: Pre-insolvency Proceedings in France, Belgium and the Netherlands* (1807 – *c*1910), 6 Comparative Legal History 184, 197 – 206(2018).

③ 英文为Business Continuity Act，简称BCA，于2009年4月1日生效，本文将其翻译为《企业延续法》。这部法律是对破产预防程序的单独立法，比利时希望通过其颁行，以使更多的企业顺利应对经济困境并继续生存。

了司法重组的方式,为债务人提供了多元灵活的选择;规定了调解保障措施与庭外和解,帮助债务人与债权人进行司法重组或庭外和解的协商。

二、比利时《企业延续法》的主要内容

比利时《企业延续法》是专门针对企业破产预防程序制定的,因此不包含破产清算程序,破产清算程序被规定在另外一部法案之中。《企业延续法》分为一般规定、数据收集与商业调查、庭外和解协议、司法重组 4 章。第二章的商业调查和第三章的庭外和解协议是庭外破产预防的措施。第四章的司法重组程序占据了《企业延续法》的大部分篇幅,对司法重组程序进行了完整的规定。

(一)关于商业调查

商业调查是比利时预防企业破产的一项措施,由商业调查室负责完成。比利时原先的破产法中便设有商业调查制度①,该项制度在《企业延续法》中得到保留。商业调查室是商业法庭下设的一个机构,由常设法官和企业家(非专业法官)组成。根据法律的规定,其主要职能是监测企业的财务状况,当发现企业有破产的可能,及时提醒企业采取措施并为企业提供合理建议以避免破产清算,保障企业经营的连续性。商业调查室的法官可以向董事或经理强调重组措施对公司、利益相关者和整体经济利益的重要性。但是这些法官不得为企业提供有关于破产清算、重整的具体建议,也不能参与企业的破产清算、司法重组和与之有关的司法程序,这种协助被认为不符合司法职能的公正性。②

(二)关于庭外和解协议

《企业延续法》的第三章规定了庭外和解协议,是指债务人可以与 2 名以

---

① See Nico Dewaelheyns & Cynthia *v.* Hulle, *Legal Reform and Aggregate Small and Micro Business Bankruptcy Rates*: *Evidence from the* 1997 *Belgian Bankruptcy Code*, 31 Small Business Economy 409, 412(2008).

② See Michael Veder & Paul J. Omar, eds., *Teaching and Research in International Insolvency Law*: *Challenges and Opportunities*, INSOL Europe, 2015, p. 84 – 85.

上的债权人或全体债权人协商达成以债权债务为内容的和解协议。和解只涉及参与谈判并自愿同意受和解协议约束的债权人。当事人双方可以自由确定其内容并且不用对外进行公开。庭外和解没有严格的法律框架,不启动司法程序,没有法院的监督和干预。但是债务人可以将和解协议的副本提交至法院存档,被法院登记存档的和解协议可以不受之后破产清算程序的影响。此外,商业法院可以应债务人的申请为其指定一名商业调解员,调解员可以为债务人提供拯救营业的解决方案,协助债务人与债权人在庭外达成和解。① 由商业调查室负责的案件,债务人可以向商业调查室申请要求指派调解员。②

(三)关于司法重组程序

1. 司法重组的申请

司法重组程序由债务人提出申请。在《企业延续法》制定之前,比利时的司法重组程序对债务人企业的申请有很高的要求。当时的立法者认为,作为预防破产的司法重组程序是专门为具有再生可能的企业构建的,已经完全丧失清偿能力的企业不能进入司法重组程序,应当去申请破产清算,否则就是对司法公共资源的浪费。因此,申请人必须要向法官证明自己只是暂时产生了财务困境,具有恢复再建的可能。为了让法官信服,债务人需要提交会计财务报表、损益表,以及对未来财务发展状况的预测。③ 这就导致该程序的适用数量很少,在一定意义上成为"僵尸"立法。在吸取经验教训的基础上,《企业延续法》放宽了申请的标准,债务人只需要说明自己的经营连续性受到了立即或长期的威胁,如果公司的损失使净资产减少至不到股本的一半,则公司的连续性在任何情况下都被视为受到威胁。虽然企业仍需要提交一些财

---

① See Rebecca Parry & Paul J. Omar, eds., *Reimagining Rescue*, INSOL Europe, 2016, p. 167. Adam Gallagher, *First Impressions on the Use of the New Belgian Restructuring Legislation*, 29 American Bankruptcy Institute Journal 38 (2010).

② See Michael Veder & Paul J. Omar, eds., *Teaching and Research in International Insolvency Law: Challenges and Opportunities*, INSOL Europe, 2015, p. 85.

③ See Sander Van de Walle, *The Added Value of Belgian Companies Which Could Survive Due to the Law on Judicial Composition*, Google Scholar, https://libstore.ugent.be/fulltxt/RUG01/002/481/052/RUG01-002481052_2018_0001_AC.pdf.

务数据,但法院不再进行严格的审查。另外,已经处于破产状态的债务人也可以申请司法重组。①

不过这一新的适用标准在实践过程中产生了企业滥用司法重组程序的问题。所以 2013 年比利时对该法进行了修订,完善了关于申请材料的规定。申请人需要提交的材料应包括最近的年度会计账目、重组期间内的收支预算、对公司拟采取的重组计划说明、债权人的完整名单。其中,会计账目和收支预算必须在公司审计师、外部会计师、外部税务专家的协助下制作,并得到他们的认可以保证数据的真实可靠。债权人的名单上必须写明每个债权人的姓名、地址、债权金额,标明特别债权人的地位。此外,申请人还需要提交 1000 欧元的初始申请费。②

2. 司法重组程序开始后的法律效果

法院审查并裁定司法重组程序后,会在比利时官方公报上发布案件受理的裁定。公告中需要包含债务人基本信息、协助重组或管理企业事务的司法官员的基本信息,以及有关司法重组程序的其他事项。

司法重组程序开始后,法院会授予债务人一段时间的冻结期间。在冻结期间内,执行程序中止,债权人不得主张权利,债务人的一切财产将得到保全。③ 但是不排除债务人自愿支付被中止的债权,只要这种清偿是公司的连续性所必需的。冻结期间一般为 6 个月,并可延长至 12 个月。在特殊情况下,该期间可以延长至 18 个月或 24 个月。在冻结期间内,债务人将开展一系列的重组工作,法院可以在债务人或相关利益者的申请下指定一名司法官员协助债务人进行司法重组。④

债务人仍然可以继续经营企业,在没有法院的干预下进行正常的经营交易活动,配合法院履行相应的解释说明义务。但是,如果债务人实施了具有

① See Michael Veder & Paul J. Omar, eds., *Teaching and Research in International Insolvency Law: Challenges and Opportunities*, INSOL Europe, 2015, p. 87 – 89.

② See Michael Veder & Paul J. Omar, eds., *Teaching and Research in International Insolvency Law: Challenges and Opportunities*, INSOL Europe, 2015, p. 87 – 89.

③ See Michael Veder & Paul J. Omar, eds., *Teaching and Research in International Insolvency Law: Challenges and Opportunities*, INSOL Europe, 2015, p. 80.

④ See Michael Veder & Paul J. Omar, eds., *Teaching and Research in International Insolvency Law: Challenges and Opportunities*, INSOL Europe, 2015, p. 80 – 81.

重大过失的行为,法院将委派一名或多名司法官员对债务人的经营进行监管;如果债务人实施了具有明显恶意的行为,法院可以在冻结期间内任命临时董事替代公司的原董事并接管公司的经营。根据司法官员或临时管理人的报告,法院可以撤销这一委派裁定。①

3. 司法重组的具体方式

第一,比利时《企业延续法》第 43 条规定了通过和解协议进行司法重组的方式。这里的和解与我国破产法上的和解不同,它是指债务人可以自主选择与 2 名以上个别债权人达成关于债务减免、延期清偿等内容的合意,该合意不能损害第三人的利益。与庭外和解不同的是,该程序是一种庭内程序,并且和解需要在法官的监督下进行。当债务人与债权人达成协议,法院应债务人的请求和受委派法官的报告作出裁决,采纳该协议并结束程序。和解协议只对明确接受的债权人产生效力,只要协议未根据合同法终止,协议各方将受其约束。即使企业最后预防失败,又走入了破产清算的程序,和解协议也不能被撤销。② 通过这种方式完成重组的意义在于,当某几个债权人作出让步后,企业可以减轻债务负担以换来延续经营的生机,从而预防或避免破产。个别债权人的妥协与让步也并不一定导致其他债权人利益受损。因此,这就为债务人提供了相对充足的协商的时间,而且在这段时间里不用受到来自债权人申请执行、破产清算的威胁。③

第二,债务人还可以选择以集体协议的方式进行重组,即通过债权人会议投票表决重整计划,被裁定认可的重整计划对所有债权人都有约束力,这与我国的破产重整制度相似。重整计划先由债务人提出,可以包括分期付款、债转股、债务减免、资产转让等内容。但是法律还针对重整计划的内容作出了一些强制性的规定,例如,对债权人的分配不得低于债权的 15%,不得减

---

① See Art. 28, Wet betreffende de continuïteit van de ondernemingen, http://www.ejustice.just.fgov.be/cgi_loi/change_lg.pl? language = nl&la = N&table_name = wet&cn = 2009013133.

② See Michael Veder & Paul J. Omar, eds., *Teaching and Research in International Insolvency Law: Challenges and Opportunities*, INSOL Europe, 2015, p. 81 – 82.

③ See Michael Veder & Paul J. Omar, eds., *Teaching and Research in International Insolvency Law: Challenges and Opportunities*, INSOL Europe, 2015, p. 81 – 82.

免因人身伤害而产生的赔偿,以及关于税收、抵销权等方面的限制。[①] 债权人在查阅表决重整计划时,可以重点关注计划是否符合这些限制,防止债务人随意制订重整计划,侵害债权人的利益和公共利益。计划中的所有重整措施都必须在5年内完成。重整计划需要半数以上、代表1/2以上债权额的债权人通过,但债权人会议并不进行分组投票。法院对债权人会议通过的重整计划不做实质性的审查,只要计划不违反相关法律规定和公共秩序即可为法院认可。即使重整计划并不能有效阻止企业破产并帮助企业重生,法院也不能否决该计划。立法者认为,债权人相较法院更适合对重整计划作出评判,法院应当尊重债权人的选择。[②]

第三,法院监督下的营业转让。该程序将由法院负责,债务人只负有提供信息的义务。法院在向收购人出售全部或部分资产营业时,会重点考虑企业员工的利益。法律专门规定了随营业转移的雇员权利和义务,收购后的企业也要遵守集体劳动协议。[③] 营业转让通过投标的方式进行,除员工的利益外,法院将结合市场价格考量各收购方的报价和出资人的权益,转让的所有资产的要约价格必须等于或大于在破产清算情况下变现的可能价值。转让所得的对价在债权人中进行分配。虽然债务人企业的主体资格消失了,但营业转让可以让企业的资产继续发挥价值,也可以保障员工就业的稳定。[④]

三、比利时破产预防制度的改革

比利时2009年《企业延续法》是自1997年对破产预防程序进行完善后

---

① See Art. 49 – 49/1, Wet betreffende de continuïteit van de ondernemingen, http://www.ejustice.just.fgov.be/cgi_loi/change_lg.pl? language = nl&la = N&table_name = wet&cn = 2009013133. Michael Veder & Paul J. Omar, eds., *Teaching and Research in International Insolvency Law: Challenges and Opportunities*, INSOL Europe, 2015, p. 82 – 83.

② See Art. 49 – 49/1, Wet betreffende de continuïteit van de ondernemingen, http://www.ejustice.just.fgov.be/cgi_loi/change_lg.pl? language = nl&la = N&table_name = wet&cn = 2009013133. Michael Veder & Paul J. Omar, eds., *Teaching and Research in International Insolvency Law: Challenges and Opportunities*, INSOL Europe, 2015, p. 82 – 83.

③ See Art. 60, Wet betreffende de continuïteit van de ondernemingen, http://www.ejustice.just.fgov.be/cgi_loi/change_lg.pl? language = nl&la = N&table_name = wet&cn = 2009013133.

④ See Michael Veder & Paul J. Omar, eds., *Teaching and Research in International Insolvency Law: Challenges and Opportunities*, INSOL Europe, 2015, p. 83 – 84.

的又一次重大改革,立法的专业性和准确性也比之前有了很大的进步。这次改革继续坚持了对债权人与债务人两者之间的利益平衡,同时兼顾对社会利益的考量。比利时的立法者不仅仅满足于为债务人提供一个破产预防的通道,还力求探索如何使更多债务人高效地完成破产预防程序,以实现企业的延续。改革的某些做法和制度设计具有一定的开拓性。

(一)破产预防程序申请

比利时早期的破产法主要凭借法律移植的方式推进,将其他国家比较先进的破产预防制度直接栽种在本国已有的程序之中,导致比利时早期的破产预防程序与清算程序之间不能相互协调。这种依赖其他国家法律文化的习惯,使比利时立法者在制定破产法时容易忽略法律的实践效果,也容易忽视经济数据的观测研究对破产预防制度作出的指导。① 1883 年、1997 年的破产立法都存在这一问题。例如,1997 年的破产预防制度中存在很多原则性的规定,过短的重组执行期间导致债务人资金短缺与执行不能,申请门槛过高以至于无人问津该程序,这些都构成了比利时修改破产预防制度的原因。② 比利时在制定《企业延续法》时,立法者虽仍借鉴其他国家的破产制度,但已经开始关注破产预防程序在现实经济生活中的运用情况。

1997 年的司法重组程序在进入 21 世纪后的适用数量逐年下降,导致这种情况的原因之一在于立法者对破产预防程序申请原因的理解。当时比利时对破产和破产前的濒临破产阶段有着非常清晰的划分。如果给企业的发展画出一条时间线的话,破产预防阶段要在破产阶段的前面,也就是企业的财务经济危机还没有特别严重的时候。预防破产的理念在于提早介入企业的危机,这样才更有可能避免走向破产清算,因此,1997 年的司法重组程序仅对暂时遇到经济困难或有破产可能的申请人开放,法官会对企业的再生可能

---

① See Dave D. Ruysscher, *Legal Culture*, *Path Dependence and Dysfunctional Layering in Belgian Corporate Insolvency Law*, 27 International Insolvency Review 374, 374 – 397 (2018).

② See Michael Veder & Paul J. Omar, eds., *Teaching and Research in International Insolvency Law: Challenges and Opportunities*, INSOL Europe, 2015, p. 79. Sander Van de Walle, *The Added Value of Belgian Companies Which Could Survive Due to the Law on Judicial Composition*, Google Scholar, https://libstore.ugent.be/fulltxt/RUG01/002/481/052/RUG01 – 002481052_2018_0001_AC.pdf.

性进行重点审查。但是由于该程序的申请难度之大,其在实践中渐渐不为人们所运用。针对这一困境,立法者在制定新的司法重组程序时,去掉了严格审查的限制,大幅降低程序的申请费用,并且允许具有破产原因的企业申请重组程序。这些举措确实大幅增加了重组程序的数量,但这种过于宽松的申请条件又带来了滥用破产预防程序以逃避履行债务的弊端。

故此,比利时立法者在2013年修订《企业延续法》时便增加了关于申请材料的要求。企业是否具有重整的价值与可能,并不是可以直接作出判断的,但也不能随意允许"僵尸企业"进入破产重整程序。在对申请材料的要求方面,既不能过分要求债务人提交对未来重整过程的计划和预测,也不能对债务人的资产状况、重整期间的收支预测不加以审查。

(二)关于破产预防程序的发展趋势

比利时《企业延续法》的颁布体现破产预防仍然是现今破产法的发展趋势。随着经济的发展,人们开始意识到破产并不完全源于债务人的欺诈或无能,运气不好也占有很大的成分。随着大企业的出现,比利时等一些国家也逐渐注意到让企业存续所带来的价值可能远远高于个人资产价格的总和。债权人与立法者开始认为,激励债务人提前公布自己的债务问题或许对债权人来说更有利。① 比利时《企业延续法》也继续保持了这一观念和与之相关的规定。例如,程序启动后仍然允许债务人占有财产、正常营业,将集体协议通过标准设定为占债权额比例的50%以上,在冻结期间内限制担保债权人的权利行使,以及在营业转让中加入对员工就业问题的规定,体现了破产法对社会利益的保护。另外,比利时《企业延续法》新增加了破产预防程序,多种程序之间可以相互转换,债务人可以充分选择适合自己的方式,有效实现重组。

比利时《企业延续法》还体现了推动未来庭外程序在破产预防中发挥效用的趋势。比利时非常注重庭外和解的保密性②,由于很多债务人不想让其他人知道自己遭遇了经济问题,所以庭外和解不需要向社会公示,法院也有

① Pierre Hautcoeur & Paolo D. Martino, *The Functioning of Bankruptcy Law and Practices in European Perspective* (*ca.* 1880 – 1913), Enterprise and Society, 2013, http://es. oxfordjournalsorg/.

② See Rebecca Parry &Paul J. Omar, eds., *Reimagining Rescue*, INSOL Europe, 2016, p. 167.

对庭外和解协议保密的义务。在庭外和解的基础上，预和解、预重整程序也是近几年欧盟破产法发展的重点，预重整程序已经为比利时等一些国家所引入，他们称其为“兼具庭外和庭内两种性质的混合程序”，[①]对提升庭内重组程序的效率起着很大的作用。遗憾的是，《企业延续法》并没有对庭外和解协议作出详细的规定，也没有涉及庭外和解与庭内程序衔接的问题，虽然如此，庭外和解工作已经成为破产预防制度所绕不开的话题。

（三）其他制度

比利时《企业延续法》中规定了商业调查室制度。设置该机构的目的在于从外部监测企业的经济状况，以便提早开展对企业的挽救措施。比利时立法者认为，企业在经营过程中一般会对自己的经营状况有乐观的估计，对承认自己的财务危机也有很大的抵触心理，通常在申请司法重组程序时就已经错过了最佳的拯救时机，与其设计完美有效的破产预防程序，不如从企业的管理入手。为此，比利时于 2013 年修订破产法时，规定了公司会计师、审计师对公司经营困境的报告和申请预防程序的义务。

比利时《企业延续法》中的调解员制度也颇有新意。《企业延续法》规定，债务人可以向法院或商业调查室申请为其指派调解员，以促进双方当事人的协商和解工作。在庭外和解的过程中，债务人与债权人可能缺少谈判的积极性，谈判效率没有保障，而且地位较高的债权人可能损害小债权人的利益。如果实践中有调解员作为专业、中立的第三方，组织当事人和解协商工作的进行，可在一定程度上保证程序的公正性，保证和解协商的有效开展，避免双方当事人无谓地拖延浪费时间。

最后，比利时规定了较详细的出售式司法重组方式，破产预防程序也较多元化。比利时的出售式司法重组方式是全程在法院的管理下进行，由法院代表全权负责。

---

① Tomas Moravec, Jan Pastorcak & Petr Valenta, *European Regulation of Insolvency Status in the Hybrid Proceeding*, 12 US-China Law Review 455, 456 – 458 (2015).

漫谈困境企业重整挽救的“进”与“退”

荣　艳*

我国于2006年颁布的《中华人民共和国企业破产法》(以下简称《企业破产法》)规定了重整、和解与破产清算程序,其中和解制度与重整制度作为困境企业挽救制度在实践中发挥了重要的作用,重整制度更是在实践中得到了广泛的运用,成功挽救了大量“困境企业”。随着《企业破产法》的深入实施,“困境企业”挽救的法律制度逐渐为市场所了解,但距离企业破产挽救文化被市场彻底接受,尚有一段路程。尚有挽救价值的企业遭遇困境时,是“进”一步及早启动挽救程序,还是拖延、等待,无奈“退”出市场,是当下值得市场主体思考的问题。

根据《企业破产法》第2条的规定,企业法人不能清偿到期债务,并且资产不足以清偿全部债务或者明显缺乏清偿能力,或者有明显丧失清偿能力可能的,可以进行重整。但实践中发现,提出重整申请的企业大多数已经出现严重的财务、业务危机,极少在企业出现明显丧失清偿能力可能时即选择向法院申请重整。因此,企业进入重整程序后,重整成功的难度不言而喻。启动时机的延迟也给实践带来了诸多复杂问题,如企业商誉弱化甚至丧失、投资人招募困难、职工群体性矛盾、企业有效资产流失等。近年来,预重整作为一项新的探索性制度进入“困境企业”挽救的视野。该制度将庭外重组与庭内重整相结合,使得“困境企业”可以灵活地开展自我挽救。然而,实践中申请预重整的大多企业,往往是基于预重整对企业商誉影响较小,且企业能够掌握自主经营管理权,以及程序灵活等原因而提出申请。就企业自身状况而

---

* 南京破产法庭副庭长。

言,并不明显好于提出庭内重整的企业,加之预重整并无庭内重整相关的法律强制性措施,程序推进亦着实艰难。从目前审判实践来看,企业破产制度更多被债权人用作一种索债的手段,或者企业清理的一种方式。而对于市场中"生病"的企业来讲,本应用作企业挽救的重整或预重整制度,却往往因企业"讳疾忌医",贻误"救治"的最佳时机,不能取得预期的挽救效果。

在市场经济发展中,企业难免出现财务或业务困境。在不少市场主体的意识中,"破产"之于企业犹如"死亡"之于自然人。在中国传统文化里,对于疾病尚且有所忌讳,遑论"死亡"。因此,在大多市场主体的认知中,破产是一件极不光彩的事情,所以企业不到万不得已,不会启动破产挽救程序。即使是预重整这样庭外重组与庭内重整相结合的较灵活的制度,企业启动程序的时机也过于延迟,从而造成预重整实践与学界通说出现偏差。王欣新教授指出,预重整的属性应在于其市场化,而不是法院对重整程序的前置或直接是重整时间的拉长。[①] 胡利玲教授认为,当前预重整的功能定位反映了实践对制度的需求,但在很大程度上偏离了预重整制度的本意。实践探索与学界理论研究的偏差的出现,虽有理念的差异,但本质上与市场对破产挽救文化的认识不足,理解不深,以及启动自我挽救程序的时机太晚有着根本的联系。实践中,"讳疾忌医"导致的问题,首先是"贻误最佳治疗时机"。一个企业在市场中生存与发展,无论是出现财务困境还是业务困境,及早干预、及早挽救是解决困境的关键。而综观目前实践,申请预重整的企业大多已经陷入严重的债务危机,且以大型企业为多,涉及债务规模大,债权人及职工人数多,有效资产严重不足。由于对破产挽救文化认识不足,以及考虑自身商誉影响等原因,在仍能勉强维持的情况下,绝大部分企业不会直接申请进入预重整或重整程序,只有当企业已经出现大面积的债务违约,财产被查封冻结,经营无法开展时,才会"被迫"采取挽救措施,提出预重整或重整申请。而此时进行预重整,鉴于面临的窘迫境况,企业往往希望能够立即启动执行中止、保全解除等法律措施,但其诉求往往因缺乏法律依据而无法得到支持。事实上,如果"困境企业"在出现明显丧失清偿能力的可能时,及早启动预重整程序,则可以较为自由地与债权人、投资人等利益相关方进行谈判,从而更有可能实

---

① 参见王欣新:《预重整的制度建设与实务辨析》,载《人民司法》2021年第7期。

现预重整的真正成功。当然,对破产挽救文化存在不当理解在当下是一个普遍性问题,不仅作为市场主体的债务人企业对破产挽救文化的接纳程度不足,债权人、职工、股东等主体亦如此。在境况尚未达到糟糕程度的状态下,企业与债权人协商债务解决方案,往往十分困难。债权人极易闻风而动,动用诸如个案执行等手段以求其权利的实现。“困境企业”与投资人、债权人等利益相关方进行重整谈判并达成协议困难重重。因此,破产挽救文化需要全社会的认可与接纳。作为市场主体的困境企业,向前“进”一步,在企业有可能出现系统性风险时,及时启动困境企业挽救程序,开展自我挽救,是促进企业重生、保护各方利益的一剂“良方”。

市场经济的发展,不仅需要公司设立与治理的法律制度,还需要在企业生病时进行“诊治”的法律制度。与预重整制度尚在探索中不同,重整制度则是破产法明确规定的一项“困境企业”挽救制度。庭内重整具有预重整所不具备的法律强制性措施,在企业已出现重整原因的情况下,能够更为有效地为企业创造一个纯粹的重整环境与条件。作为市场主体,出现困境时及时运用破产法的重整挽救制度对自身进行“全面治疗”,不仅能够保全和复兴自己,还能够最大化保护广大债权人及其他利害关系人的合法权益。企业不会因“讳疾忌医”而避免困境的出现,当企业真正把破产挽救文化作为企业文化的重要组成部分时,“向死而生”,自当活出精彩的一面,保持企业的健康与生机。由于破产重整程序是一条程序不可逆的单行道,“困境企业”在考虑是否提出重整申请时,往往充满顾虑,担心如重整不成则企业“一去不复返”“走上不归路”。特别是企业管理者还存在对企业失去控制的担忧,往往将挽救时机一拖再拖。但事实上,企业如果已出现危机,挽救程序恰恰是市场检验“困境企业”是否存在存续价值的路径,如无存续价值,则当破则破,及时退出市场,保持市场机体的健康发展。实践中,当企业长期陷入困境后,在无奈的情况下提出重整申请,即便符合重整受理条件,在重整程序中,也将面临难以招募到合格的投资人,难以保全有效经营资产等困境。这类企业如进入重整程序,恰恰重整成功率极低。在重整不成的情况下,将只能转入破产清算,最终实体消亡,退出市场。即便一些企业在已没有存续价值的情况下,勉强通过重整计划,实现形式上的重整成功,因企业事实上已丧失其继续营运的价值,也极易走向二次破产,最终退出市场。因此,当具备重整价值的企业出现重整原因时，当摒弃对自我利益与声誉的顾虑，及早启动重整程序，并积极创造重整的可行性条件，把企业及时送入挽救程序中，借助法律程序中诸如执行中止、保全解除、停止计息等有效措施，以及资产调查、引入投资、协商谈判等方式，对企业实施“综合诊断，有效治疗”。即便进入重整程序后，企业管理层有丧失企业控制权的可能，无论如何，及时的挽救将使企业的债权人、职工、出资人等利益相关方的权益得到最大化的维护，企业自身也将在重整成功后获得重生。

“困境企业”及早启动挽救程序如同自然人生病及早就医。对于有存续价值的企业而言，及早启动挽救程序，就打开了重生的希望之门。预重整与重整都是“困境企业”挽救制度。在市场经济中，就市场主体而言，若想要保持旺盛的生命力，当全面接纳“困境企业”挽救文化，熟谙“困境企业”挽救程序，对企业定期全面“体检”。当企业出现系统性问题的苗头时，向前“进”一步，及早启动企业挽救程序，挽企业于狂澜之既倒，避免退出市场的命运，从而实现企业重生，盘活市场资源，实现对企业及相关方利益的最大化保护，推动社会主义市场经济健康有序发展。

破产重整:沟通的艺术

胡良忠*

破产重整是《中华人民共和国企业破产法》(以下简称《企业破产法》)规定的三大程序之一,其核心是管理人在对债务人的资产、负债情况进行全面梳理的基础上,采用多元化的、有针对性的拯救模式和拯救方法,对债务人的股权架构、资产负债、运营管理等进行调整或重构,采用包括但不限于债转股、出售式重整等方式,以最大限度维护债务人及其营业事务的重整价值,避免或减少债权人损失的法定程序。随着优化营商环境以及供给侧结构性改革的不断深入,破产重整在实务中发挥着越来越重要的作用。管理人提高破产重整执业能力势在必行。

一、破产重整的本质是沟通

破产重整是一项系统工程,事关债权人、债务人、重整投资人等相关主体的利益博弈。管理人是破产程序的主要推进者和破产事务的具体执行者,发挥着无可替代的作用。要想在法定的6个月期间内(或经法院批准可延长至9个月)完成全部重整工作并实现成功重整,管理人必须在法院的指导和监督下协同发挥各方的力量:在团队内部,根据工作内容组建不同组别,既分工负责又协同配合;在履职过程中,必须协调好与银行、税务、工商、债权人、债务人、重整投资人等所有相关主体的关系,引导各方主体将行动趋向于成功重整这一既定目标,只有凝聚各方力量,才有可能实现成功重整。从这个意义

* 北京市炜衡(沈阳)律师事务所高级合伙人,沈阳市破产管理人协会副会长。

上讲,重整中管理人所做的工作,包括但不限于开立银行账户、刻制管理人印章、债权审查、财产状况调查、与重整投资人磋商谈判、编制重整计划草案等。这其实就是一系列对内、对外的沟通工作。破产工作就是"开庭与开会的结合、办案与办事的结合、裁判与谈判的结合",这在业界已是共识。

二、揭开沟通的面纱

沟通是管理学上亘古常新的话题。何为沟通在理论上众说纷纭,但从破产重整实务来看,沟通其实就是人们通过分享信息、交流情感以期消除隔阂、增进信任、达致共识的过程。在破产重整中,债权人、债务人、重整投资人等通过对管理人各项工作的过程以及工作成果的了解,可以全面掌握债务人的资产负债情况、经营情况、运营价值、模拟清算状态下的清偿率等信息,可以了解债务人企业陷入破产的原因,消除债务人以破产程序之名行逃"废债"之实的误解,客观全面判断债务人企业的重整价值,进而理性参与重整。只有这样,最后才能达成切实可行、兼顾各方利益的重整计划。

三、沟通的道与术

破产重整,既涉及债权人清偿利益的实现,又涉及对债务人企业占用的有价值的要素资源进行重新配置。而不同主体的利益诉求往往相互冲突,如何能使各方主体求大同存小异,理性参与重整,达到整体价值最大化,需要管理人勤于沟通、善于沟通。结合自身工作经验,笔者将管理人沟通要诀总结为"正""诚""勇""谋"。

所谓"正",首先,要求管理人在重整工作中清晰自己的定位、摆正自己的位置。管理人要时刻牢记自己是受人民法院指定承担破产业务专业性工作、事务性工作以及程序推进工作的中介服务组织,承担着平衡保护债权人和债务人合法权益的职责。管理人履职过程中,应保持客观、中立的地位。对债权人、债务人应不偏不倚:管理人不是债务人的法律顾问,不能对债务人唯命是从;也不是债权人、债务人的上级领导,不能对债权人、债务人颐指气使,逞一时口舌之快与之形成对立,否则极有可能会造成重整目标的落空;对审计机构、评估机构等专业机构,应在把握重整大方向的前提下,在专业上给予其充分尊重;对于重整投资人,应视其为交易对象,与之理性博弈,以实现债务人财产价值最大化、最大限度保护全体债权人的清偿利益。其次,管理人应当勤勉尽责,忠实执行职务。特别是在目前破产法相关规范不是非常详尽具体的情形下,管理人更应该谨小慎微、恪尽职守,在履职过程中要坚持落实好"以事实为依据、以法律为准绳",不能疏忽大意,更不能利用工作便利谋取私利。否则《企业破产法》第 130 条这一悬在管理人头上的"达摩克利斯之剑"随时都有可能落下;情节严重者,有可能触犯刑法而承担刑事责任。

所谓"诚",顾名思义就是要真诚、坦诚。孟子的"诚者,天之道也;诚之者,人之道也"(《孟子·离娄上》)以及朱熹的"诚者,真实无妄之谓,天理之本然也"(《中庸章句》)等圣贤的教诲,都是告诉我们每个人在思想言行上要践行诚信准则,因为"诚"是天地之大道,是天地之根本规律。追求诚信,是做人的根本原则。这不是唯心主义的表现,而是古圣先贤生命的感悟与智慧的结晶。现代心理学研究证明,人与人之间的沟通,本质上是能量的交流。人们之间彼此真诚的交流,会形成正向能量的循环,会带动周围的人、事、物朝着正向发展,此即为"吸引力法则"。管理人在重整工作中,尤其是与各方利益主体进行对接时,如果秉持诚信沟通,将能收到意想不到的良好效果。在笔者参与某企业重整的过程中,因审计机构工作方法欠妥,导致债务人不愿向其提供财务资料,审计工作曾一度停滞。如何解决这一问题?笔者遵从内心的声音,从自我检讨,到换位思考,再到重整工作需各方协同推进等各角度,与审计机构代表坦诚交流,最终用半小时左右的时间,拉近了彼此的距离,打开了审计机构和债务人工作人员的心结,使审计工作重新步入正轨。其实《中庸》早已告诉我们,"唯天下至诚,为能尽其性;能尽其性,则能尽人之性;能尽人之性,则能尽物之性;能尽物之性,则可以赞天地之化育"。这就是诚的力量,值得我们每一位管理人深刻领会、认真遵行。

所谓"勇",是指管理人要勇敢面对重整工作中遇到的各样压力、困难,甚至可能是威胁。只有勇于担当,才能有所作为。在破产重整中,管理人拯救的对象是陷入经营困境的债务人企业,债务人往往资不抵债或者现金流断裂,或诉讼缠身,或核心资产被查、冻、扣、抵、质、押。有的债务人面临职工安置、购房业主安抚、农民工权益保障等影响社会稳定的问题,有的债务人面临行政机关甚或刑事办案机关要求配合检查、进行处罚等情况。面对这些错综复杂的问题,管理人必须正面困难,不回避,不退缩,只有以必胜的信念理性应对,才能激发出潜能,找到解决问题的途径。在笔者参与的某破产重整案中,债务人企业曾在上海证券交易所和银行间债券市场发行债券,重整期间以涉嫌欺诈发行被投诉,后证监会进场要求管理人全面配合检查,并要查封历年财务资料。面对执法机关的要求,管理人依理、依法向执法人员说明管理人是受人民法院指定依法履职,所做的工作是拯救债务人企业,重整成功有利于全体债权人的利益,重整程序之前的惩罚性内容不应带入重整程序中,否则会增加全体债权人的负担等等,以争取执法人员的理解;同时及时向破产申请受理法院汇报,请求法院与证监会进行国家机关层面的沟通。最终经法院和管理人的共同努力,这场风波才得以平息。管理人在重整中遇到困难时,只要真正做到"我行(克服畏难情绪)—担当(勇于承担责任)—行动(扫除工作阻碍)",就能打开局面,行有所获。

所谓"谋",是指谋划、策划、计划。"凡事预则立,不预则废",破产重整的目标非常清晰,是要实现重整计划,经债权人会议表决通过,且经法院裁定批准(法院强裁重整计划草案的情况比较特殊,姑且不论)。要达成这一目标,管理人必须安排好债权审查、财产状况调查、债权人会议组织等各项基础工作,敏锐洞察各方主体的利益诉求,准确把握其心理状态,只有这样才能引导各方理性博弈,进而达成各方均能接受的重整计划草案。因此,管理人的各项工作要动脑,要用心,要事先谋划,谋定而后动。这不仅是勤勉、忠实履职的应有之义,更是实现成功重整的必然要求。好的计划、方案应该做到以下几点:

第一,结果导向,坚持以终为始。管理人所有的工作计划,均应以重整计划获得裁定批准这一最终目标为出发点,反向制定与推演。与此相悖者,均为无益甚至有害的安排。

第二,巧用工具,全面掌握信息。思维导图等工具的适当使用,可以帮助管理人通过可视化的方式全面掌握相关情况,充分获取信息,便于工作安排更加周全。

第三,换位思考,避免"挂一漏万"。管理人只有站在不同的角度,充分考虑各方主体的利益诉求,才能将重整工作安排得更全面、更妥当,才能让债权人感受善意,让债务人体会到包容,让重整投资人享受到便利,进而促成各方达成共识。

第四,底线思维,保证合法合规。合法合规是各项工作的前提和基础。没有底线作为支撑,再周密的工作计划、再精妙的交易安排都只能是“毒树之果”,应为重整所摈弃。

重整计划中吸引投资人的财税方案探索

邓　涛* 　肖　竞**

当企业进入破产重整程序后，招募投资人成为管理人的一项重要工作。投资人不仅关注项目本身的产品优势，为减低财税风险，管理人所实施的风控方案，同样为投资人所关注。本文从管理人如何提升项目财税风控质量和吸引投资人投资的角度，提出几点优化项目财税管控的思路，与破产法界同行探索。

投资人选项目，通常会展开业务、财务和法律尽职调查。与非破产程序的项目相比较，投资人的尽调工作可能更简单，投资人可以充分利用管理人提供的债务人财产状况报告、重整方案的项目可行性分析资料、债权审核资料等可以公开的工作成果，不必再花费劳力做重复性尽调工作。

投资人尽调重整项目的难点在于“识别和控制风险”，特别是对重整计划执行期间的财税风险的识别和控制。管理人在引进投资人的方案中，应当建立让投资人识别和控制财税风险的机制及风控方案，吸引投资人积极关注本重整项目。财税风控方案包括：顶层治理机制中的财务预算、内部审计机制，经营中的财务内控、税务顾问、外部监督等制度建设和实施方案。

一、破产重整计划中植入财税风控方案的必要性

引进投资人参与股权或债权投资，目的是促进重整计划草案的有效执

* 重庆安盾财税法律研究院院长、重庆立信会计师事务所所长。

** 重庆丽达律师事务所律师。

行,并实现各利害关系人多赢目标。而要达到有效执行和经营效果,植入财税风控方案十分必要。

首先,有利于提升管理人在重整计划执行期间的监督力度。依据《中华人民共和国企业破产法》(以下简称《企业破产法》)第 90 条的规定,“自人民法院裁定批准重整计划之日起,在重整计划规定的监督期内,由管理人监督重整计划的执行。在监督期内,债务人应当向管理人报告重整计划执行情况和债务人财务状况”。若管理人建立了一套行之有效的财税风控方案,在重整计划中加以实施,会较大增强管理人监督的力度。

其次,有利于增强投资人参与项目投资的信心和恒心。财税风控方案是债权人、管理人、投资人共同拟定的需在重整计划执行中贯彻实施的管理文件。投资人在财税风控得以保障的营商环境下,更有信心和恒心参与项目的投资和经营。

最后,有利于提高债权人的知情权和参与决策权的效果。财税风控方案的重要制度之一就是审计监督,通过审计反映的重整计划执行效果及发现的财税问题,为债权人了解计划执行情况、解决重大问题,提供了重要的“情报来源”。

二、投资人关注的重大财税风险分析

一是管不住“人”的风险。所谓“人”,是指债务人的管理层。依据《企业破产法》的相关规定,进入重整计划执行期间,该阶段管理人已退居后台,履职“监事”的监督职责;债权人不参与管理,也不再履职“董事或股东”决策职权,仅享有作为利害关系人查阅“监督报告”的知情权;而债务人则恢复了“职业经理人”角色,依据重整计划履行管理职责。因此,投资人若对债务人管理层没有充分的了解,陷入被债务人“内部人”控制的失控局面,将可能导致重大的财税风险事故。例如,笔者参与的一起重整计划执行期间破产项目审计,发现实际控制人账外设银行私卡,大量收入进个人私卡私用,该舞弊事件被披露后,导致债权人责怒打伤管理人的极端后果。

二是稳不住“型”的风险。所谓“型”,是指执行重整计划项目的组织架构。非破产程序的组织架构包括治理层面的组织架构(如“三会一层”)、执行层面的内部机构等，目的是搭建分为决策权、管理权、监督权的管理机制，提高管理质量。而在破产法规则下，重整计划执行期间，破产法并没有细化规定重整项目的管理架构。管理人如何监督计划的执行，是执行完毕后的例行出具监督报告，还是执行计划过程中常规监督，发现经营异常怎么监督？对重大投资、重大决策、重大人事任免、大额资金审批等重大行为，是由债务人自行决定还是债权人（投资人）审批？如果债务人的旧“型”架构只有执行端，缺失决策和监督端，这样的“型”会稳定吗？稳不住“型”，可能导致重蹈“二次破产”的风险。

三是控不住“制”的风险。所谓“制”，是指为执行重整项目计划目标，建立的内部控制制度。例如，财务预算制度（重整计划目标管理制度），应细化到预算管理流程、各部门控制节点、各岗位考核措施；存货管理制度，应细化到采购、生产、发出各环节的管理方案；资金管理制度，应细化到请款、财务审核、领导审批、事后审计等各流程。实务中，制度的执行力比制度的缺失更重要，有章不循导致舞弊的风险更大。破产重整项目执行中，债务人如果没有基本的风控制度，或制度执行力不够，投资人控不了“制度”的运行，则控制不了资金的使用，可能导致资金流失的风险。

四是降不了“税”的风险。关于“税”，在破产重整方案中，是绕不开的重大“成本”。实践中，往往重整方案执行的税负成本高。例如，因债权人豁免债务的收入直接导致企业所得税税负增高，房地产企业转让房产导致的土地增值税税负高。税款支付压力大，重整期间的“新生”税款作为破产费用随时缴纳且必须缴纳，可能重大挤占经营资金。例如，当一笔资金只够支付税款和只够支付急需的原材料时，企业首先得选择支付税款，税款法定缴纳无疑是对其经营资金安排的一大考验。涉税风险大。例如，重整前债务人可能已经存在偷逃税款、虚开发票的案底，而重整后债务人因逃避新增税款还可能“故技重演”再蹚涉税风险，投资人如果不加以重大防控涉税风险，新增资金的用途可能会全部用于缴纳税款。

三、建立让投资人放心的财税风控机制的几点方案

第一，创新招募公告内容，建立吸引投资人参与的财税风控制度。实务

中,管理人发布的重整案件投资人招募公告中,披露了债务人的财产状况,项目重整的优势。为消除投资人对财税风险的担忧,建议在项目重整优势中增加"让投资人参与风控制度建设"的内容。例如,在投资招募内容中,可以描述为"为防控投资风险,管理人已拟定由投资人、债权人共同决定的风险管控制度草案,投资人尽调本制度草案后,可在投资方案中进一步完善,若贵单位中标本项目,风险管控制度作为正式制度,在重整计划中贯彻执行"。

第二,引入第三方审计机构监督制度执行。强调第三方的审计监督是风险防控的重要手段。管理人不仅用审计力量防范自身的管理风险,也可用审计力量吸引投资人放心投资重整项目。从吸引投资人的角度考虑,审计监督应当有投资人的参与。例如,审计机构可以由投资人、债权人、管理人三方共同选聘,审计内容由三方共同设定,审计质量由三方共同考评。审计重点应侧重于评价债务人执行风控制度的效果。

第三,选聘破产管理经验丰富的财税顾问。建立投资风控机制固然重要,但增收节税降费更是投资人追求的目标效果。管理人引导投资人、债务人选聘财税顾问,用专业的力量创造项目营运价值,十分必要。

财税顾问可以协助管理人继续追收财产,增加财产价值。重整期间,管理人关注财产状况的结果而非形成财产状况的原因,且限于重整期间时长的限制(最长 9 个月),对财产的调查往往并非彻底充分的。进入重整计划执行程序,聘请会计师对可疑财产进行深入持久清理调查,能获得追收效果。例如,清收应收款项,某集团公司破产重整,债务人因关联交易复杂,应收款项余额巨大,财产状况报告披露为应收款财产的因账务核算混乱无法核实。进入重整计划执行期后,管理人聘请经验丰富的财务顾问,配合新进入的投资人对应收款项进行专项审核清理,发现重要追债线索,追回大笔资金。又如,清收隐匿财产某国企销售公司破产重整时,财产状况报告显示 20 余家各地门店的存货大量盘亏并计提了减值损失,进入重整计划执行期后,管理人聘请财务顾问,对国企亏损原因分析后,调取存货进出单据,查实高管销售货款不入账的职务侵占行为,追回大笔资金。

财税顾问可以帮助降低重整中的税务成本。进入破产重整的企业,纳税信用等级低,税费减免更难获得支持。聘请当地经验丰富的税务顾问,能获得降成本控风险的良好效果。例如,发挥沟通税企的桥梁作用,某房地产企业,在重整计划执行期间销售已经银行债权人解封的房产时,因无资金补交土地增值税税款,影响了房屋销售。经税务顾问充分协调税务局,及时由税务顾问机构出具了土地增值税鉴证报告,以该报告确认的土地增值税税款作为补充申报税款债权的依据,无须再补交土地增值税巨额欠款,为债务人节约了大笔资金。又如,税收筹划节税,某投资人重组债务人企业后,在计划执行期间完成了房屋的竣工,以房抵债取得较大销售收入,将增加大笔增值税和土地增值税。税务顾问分析销售价格后,发现抵债价格远高于市场价,于是将以房抵债协议的总金额拆分为按市场价确认的销售价款与按超过市场价部分确认的债权豁免价款两部分。销售价款部分以价款为征税基础缴纳增值税和土地增值税税负,债权豁免价款部分只作为企业所得额增加而无须缴纳增值税和土地增值税,因而减少了征税基础,减轻了税负。

三、债权保护

企业破产程序中的职工住房公积金债权处理

贾茂远* 尹 健**

《中华人民共和国企业破产法》(以下简称《企业破产法》)第 113 条第 1 款规定了破产债权的清偿顺序,其中第 1 项为职工债权,包括破产人所欠职工的工资和医疗、伤残补助、抚恤费用,所欠的应当划入职工个人账户的基本养老保险、基本医疗保险费用,以及法律、行政法规规定应当支付给职工的补偿金。由于该列举中并不包括住房公积金,因而导致破产人所欠职工的住房公积金债权如何处理成为困扰破产案件审判者和管理人的难题之一,在法律层面没有规定的情况下,各地的处理方式各异。《全国法院破产审判工作会议纪要》似乎为该问题的处理提供了统一规则。但由于该纪要并非法律或者司法解释,权威性不足,问题仍未根本解决。因此,对于该问题仍有进一步研究的必要。

一、处理职工住房公积金债权问题的法律渊源

迄今为止,规定住房公积金制度的依据为国务院行政法规《住房公积金管理条例》,尚无全国人大及其常委会颁布的法律。对于在破产程序中如何处理住房公积金债权的问题,1996 年 8 月 8 日,《国务院办公厅转发国务院住房制度改革领导小组〈关于加强住房公积金管理意见〉的通知》(国办发

* 山东众成清泰律师事务所高级合伙人,淄博市破产管理人协会会长。

** 山东众成清泰律师事务所合伙人。

〔1996〕35号)规定:“对依法宣告破产的企业欠缴的住房公积金和所欠管理中心的住房公积金贷款按国家有关规定优先予以清偿。”2005年1月10日《关于住房公积金管理若干具体问题的指导意见》(建金管〔2005〕5号)规定:“单位发生合并、分立、撤销、破产、解散或者改制等情形的,应当为职工补缴以前欠缴(包括未缴和少缴)的住房公积金。单位无力补缴住房公积金的,要明确住房公积金缴存责任主体之后,才能办理合并、分立和改制等有关事项。”由于前述文件效力层级较低,且并未对破产程序中职工住房公积金清偿顺序问题作出明确规定,特别是未被2006年的《企业破产法》所吸收,故其约束力不足,无法作为破产案件审判机关和管理人认定和处理该类债权的依据。直到2018年3月最高人民法院印发的《全国法院破产审判工作会议纪要》第27条规定:“债务人欠缴的住房公积金,按照债务人拖欠的职工工资性质清偿。”上述问题方才有较权威的依据与参照。

二、住房公积金的债权性质及管理人的操作

根据《全国法院破产审判工作会议纪要》的规定,企业破产程序中欠缴的住房公积金属于职工工资性质的职工债权。根据《企业破产法》第48条第2款的规定:债务人所欠职工的工资和医疗、伤残补助、抚恤费用,所欠的应当划入职工个人账户的基本养老保险、基本医疗保险费用,以及法律、行政法规规定应当支付给职工的补偿金,不必申报,由管理人调查后列出清单并予以公示。故职工的住房公积金债权亦应由管理人调查后列出清单并予以公示,实践中惯常使用的由管理人通知住房公积金管理中心申报债权的做法于法无据。

对于住房公积金债权调查的实务操作问题,上海市高级人民法院、上海市住房和城乡建设管理委员会于2021年2月8日印发的《关于破产程序中规范处置住房公积金债权的会商纪要》为破产实务界提供了可资参考的方式,该纪要指出:“与社会保险费分为个人部分和社会统筹部分不同,住房公积金的单位缴存部分和个人缴存部分均计入职工个人住房公积金账户,属于职工个人所有。债务人(即破产企业)拖欠职工的住房公积金应当由管理人接管并负责调查核实后予以公示,市公积金中心不作为申报主体申报债权,但为

了维护职工合法权益,仍需做好职工与破产企业管理人之间的沟通引导工作。”

三、管理人对职工住房公积金债权的实务处理

(一)企业职工住房公积金的缴存人员、缴存基数和缴存比例

正常企业缴存住房公积金主要涉及缴存人员、缴存基数和缴存比例 3 个问题。例如,某企业有甲、乙、丙 3 名职工,缴存基数按照工资数额确定,分别为 10,000 元、8000 元、5000 元,缴存比例确定为单位 10%、个人 10%,则该企业每月需为甲、乙、丙 3 名职工各承担 1000 元、800 元、500 元,再从甲、乙、丙 3 名职工的工资中各自代扣 1000 元、800 元、500 元,连同单位承担的部分共同汇缴到该地住房公积金管理中心,每月的缴存额为 4600 元。

实践问题远非如此简单,进入破产程序的企业通常存在经营管理不规范、企业制度不健全、档案资料遗失等问题,大多数破产企业根本没有执行住房公积金缴存制度,或者虽然在住房公积金管理中心开立了住房公积金账户,但仅给极少数的人员缴存。一旦进入破产程序,管理人通常需要面对以下 4 个问题:缴存人员的范围问题、劳动关系存续时间问题、缴存基数问题和缴存比例问题。

关于缴存人员的范围问题,部分破产企业经营年限较长,在住房公积金制度实行的 20 多年里,先后在该企业工作过的职工可能有数百甚至成千上万人,但进入破产程序时尚留存的职工可能仅是少数。关于劳动关系存续时间问题,部分破产企业档案资料不全,对职工的入职时间、离职时间并无记录,管理人无法完全确定劳动关系的存续时间。关于缴存基数问题,《住房公积金管理条例》第 16 条规定:“职工住房公积金的月缴存额为职工本人上一年度月平均工资乘以职工住房公积金缴存比例。单位为职工缴存的住房公积金的月缴存额为职工本人上一年度月平均工资乘以单位住房公积金缴存比例。”同时,各地住房公积金管理中心每年还会公布缴存基数的上下限区间,要求单位的缴存基数在该区间之内。但大部分破产企业的工资发放制度不健全,甚至没有完整的工资发放记录,管理人无从调查职工的工资基数。关于缴存比例问题,《关于住房公积金管理若干具体问题的指导意见》(建金管

〔2005〕5 号)规定,住房公积金缴存比例为 5% ~12%。这一问题实质上成为管理人最容易解决的问题,因为管理人作为企业破产程序的管理者可以自主确定缴存比例。

(二)实践中的几种做法

1. 对住房公积金问题不予处理

实践中,很多企业破产案件对破产企业欠缴的住房公积金问题视而不见,任凭职工到住房公积金管理中心投诉,仅以欠缺明确的法律规定为由不予处理。其理由为:目前我国并没有法律对住房公积金进行规定。住房公积金制度设立的行政法规依据为《住房公积金管理条例》。从本质上来讲,该条例属于一部行政管理法规,在法律分类上属于公法,而根据“公法不得创设私权”这一基本法理,条例没有也不可能将住房公积金规定为一项民事权利。根据《中华人民共和国立法法》第 8 条“下列事项只能制定法律……(七)民事基本制度;……”之规定,不能以行政法规这一低于法律的下位法形式,设立一项事关全体劳动者利益的民事权利。《全国法院破产审判工作座谈会纪要》作为其他规范性文件,从法律效力层级上来讲,也不能突破《企业破产法》之规定。另外,《全国法院破产审判工作座谈会纪要》第 27 条规定“债务人欠缴的住房公积金,按照债务人拖欠的职工工资性质清偿”之内容,仅是规定住房公积金的清偿顺序,并未规定由管理人对此进行审核确认,对此审核确认债权的主体也不宜做扩大解释。

2. 缴存比例 5%、缴存基数执行最低工资标准、缴存期间参考执行时效确定为 2 年

这一种做法的理由是:在住房公积金制度没有完全得到执行的情况下,对陷入破产的企业,要求全面执行住房公积金制度,可能对其他债权人显失公平。即便是已经过法院判决生效的权利,诉讼法上也仅给予 2 年的申请执行时效。该法律依据为《中华人民共和国民事诉讼法》第 246 条,即“申请执行的期间为二年。申请执行时效的中止、中断,适用法律有关诉讼时效中止、中断的规定”。因此,对尚未全面获得试行的住房公积金制度给予 2 年的征缴期限,既可一定程度上保障职工的权益,也可以减轻企业负担。鉴于企业已经进入破产的情况,建议对于住房公积金的补缴基数按照上一年度职工最

低工资标准计算。

3. 缴存比例 5%、缴存基数执行最低工资标准、缴存期间参考劳动争议仲裁时效确定为 1 年

这一种做法的理由与第二种做法基本一致，区别在于住房公积金的缴存期间。法律依据为《中华人民共和国劳动争议调解仲裁法》第 27 条第 1 款的规定，“劳动争议申请仲裁的时效期间为一年。仲裁时效期间从当事人知道或者应当知道其权利被侵害之日起计算”。

四、处理破产企业职工住房公积金债权问题的建议

（一）处理该问题的程序衔接问题

《企业破产法》第 25 条规定了管理人的职责，包括接管债务人的财产、印章和账簿、文书等资料；调查债务人财产状况，制作财产状况报告；决定债务人的内部管理事务；决定债务人的日常开支和其他必要开支等。从理论上来说，管理人可以决定破产企业缴存住房公积金方面的若干重要问题，包括缴存比例、缴存期间和缴存基数等。同时，《企业破产法》第 48 条第 2 款规定，职工债权仅须由管理人公示无异议即可确认。

站在管理人的角度，对于职工住房公积金债权的处理，由于集中于管理人，一方面会给管理人的工作造成重大压力，另一方面也会增加管理人履职的法律风险。因此，笔者建议，管理人在收到人民法院受理企业破产清算申请裁定书和指定管理人裁定书后，立即启动职工大会或职工代表大会的恢复或组建工作，根据企业规模组建职工大会或 20 人以下的职工代表大会，涉及包括职工住房公积金方面在内的重大问题可通过职工大会或职工代表大会作出决策，减轻管理人的工作压力和履职风险。

（二）不再区分未缴和欠缴

未缴，是指破产企业未曾在住房公积金管理中心开立企业账户和职工个人账户。欠缴，是指破产企业虽然在住房公积金管理中心开立了企业账户和职工个人账户，但存在未按期缴存的情况。实践中，有的管理人主张，应当区

分未缴和欠缴,对于未缴的企业,不再认定为是破产债权。其理由为:在考虑住房公积金问题时,应对欠缴和未缴的情形进行区分。对于欠缴住房公积金的企业,由住房公积金中心核定应缴数额后参照职工工资顺序进行清偿;对于未开立住房公积金账户的企业,参照最高人民法院《关于审理企业破产案件若干问题的规定》第 61 条第 7 款"超过诉讼时效的债务"不属于破产债权之规定,因为是已经超过法律规定的救济时效(诉讼时效)的债权,不应再继续补缴,而由住房公积金中心依法进行罚款处理。

但结合司法实践来看,不应当在企业破产程序中再行区分未缴和欠缴。广东省高级人民法院在(2019)粤行申 2773 -3333 号案件、(2019)粤行终 428 号案件,以及江苏省高级人民法院在(2018)苏行申 1308 号案件中均明确否认了追缴住房公积金适用追诉时效的规定。

(三)缴存比例

1. 对于尚未建立住房公积金缴存制度的破产企业,管理人提出议案,经职工大会或职工代表大会通过后,直接按照 5% 的最低比例缴存。

2. 对于已经建立住房公积金缴存制度的破产企业,可以按照原有的缴存比例,如果原有缴存比例过高,则由管理人提出议案后,经职工大会或职工代表大会通过,可以适当调整缴存比例。

(四)缴存基数

1. 对于企业档案较健全、能够确定工资发放记录的,原则上根据《住房公积金管理条例》第 16 条的规定办理。

2. 对于不能确定工资发放记录的,可以根据建设部(已撤销)、财政部、中国人民银行《关于住房公积金管理若干具体问题的指导意见》(建金管〔2005〕5 号)第 6 条"单位不提供职工工资情况或者职工对提供的工资情况有异议的,管理中心可依据当地劳动部门、司法部门核定的工资,或所在设区城市统计部门公布的上年职工平均工资计算"之规定,予以办理。

3. 管理人提出议案并经职工大会或职工代表大会通过的,可以按照最低工资标准计算缴存额。

（五）缴存范围

1. 对于企业进入破产程序时的在册职工（含由企业缴纳社会保险的职工和虽未缴纳社会保险但仍在工作岗位的职工），直接列入缴存范围。

2. 对于非在册职工，严格按照《中华人民共和国劳动争议调解仲裁法》第27条第1款的规定由管理人予以认定，对管理人作出的认定不服的，可以通过诉讼程序确认是否存在劳动关系及劳动关系存续期间。

（六）缴存期间

1. 破产企业从未缴存住房公积金的，根据建设部（已撤销）、财政部、中国人民银行《关于住房公积金管理若干具体问题的指导意见》（建金管〔2005〕5号）的规定，原则上应当补缴自《住房公积金管理条例》（国务院令第262号）发布之月起欠缴职工的住房公积金。

2. 破产企业已经建立住房公积金缴存账户的，原则上自单位建立住房公积金账户之月起开始计算补缴欠缴职工的住房公积金。

3. 参照《中华人民共和国行政处罚法》的相关规定确定缴存期间为人民法院受理企业破产清算申请之日起前推2年。理由为《住房公积金管理条例》第14条第1款规定，“新设立的单位应当自设立之日起30日内向住房公积金管理中心办理住房公积金缴存登记，并自登记之日起20日内，为本单位职工办理住房公积金账户设立手续”。其第15条第1款规定：“单位录用职工的，应当自录用之日起30日内向住房公积金管理中心办理缴存登记，并办理职工住房公积金账户的设立或者转移手续。”根据上述规定，破产企业应当自其设立之日起30日内办理住房公积金缴存登记手续，录用职工的，应当自录用之日起30日内为其办理住房公积金账户的设立或转移手续，这一时间应当是具有法律约束力的。

《中华人民共和国行政处罚法》（2021年修订）第36条规定：“违法行为在二年内未被发现的，不再给予行政处罚；涉及公民生命健康安全、金融安全且有危害后果的，上述期限延长至五年。法律另有规定的除外。前款规定的期限，从违法行为发生之日起计算；违法行为有连续或者继续状态的，从行为终了之日起计算。”根据这一规定,如破产企业未在30日内建立住房公积金缴存制度或为30日内为其办理住房公积金账户的设立或转移手续的时间超过2年,则不再受行政处罚。因此,建议破产企业住房公积金的补缴期限设定为2年,具体操作由管理人提出议案并由职工大会或职工代表大会通过。

虽然前文提到的广东省高级人民法院在(2019)粤行申2773-3333号案件、(2019)粤行终428号案件,以及江苏省高级人民法院在(2018)苏行申1308号案件中均明确否认了追缴住房公积金适用追诉时效的规定,但笔者认为,法律并不禁止当事人对自己的权利作出处分,结合破产企业的特殊情况,如管理人提出的住房公积金的补缴期限设定为2年的议案,并由职工大会或职工代表大会通过,则应当是有效的。管理人在这一层面的法律风险或诉讼风险极低。

(七)缴存方式

1. 如管理人将破产企业欠缴的住房公积金汇缴到住房公积金管理中心后,鉴于破产企业的职工大部分可能立即提取出来,并且如汇缴到住房公积金中心职工也应当缴存个人负担部分的情况,可以由管理人提议并经职工大会或职工代表大会通过后,直接将破产企业欠缴的单位应当负担的部分发放给职工。

2. 如职工要求汇缴到住房公积金管理中心,并且愿意同时缴存个人应当负担的部分,管理人应当到住房公积金管理中心开立账户并办理汇缴手续。

当然,住房公积金管理中心在管理人履职过程中也应当为管理人调查、计算职工住房公积金债权提供必要的支持,包括政策指导、业务协助及技术支持等。

企业破产程序中如何处置欠缴职工住房公积金问题是一个涉及职工切身利益的问题。笔者认为,在这一问题上不宜采取固定的标准,应当充分发挥管理人的主观能动性,根据每个破产企业的情况因地制宜、因时制宜、因事制宜,基于各自特殊性总结出适合该企业的解决方案。此外,《企业破产法》第61条第1款规定了债权人会议有核查债权的职权,而职工的住房公积金债权也应当经债权人会议核查,在这种情况下,管理人在具体操作中可以充分发挥在债权人会议与职工大会或职工代表大会之间的居间效应和平衡作用,力争达成一个各方均可接受的方案。

管理人如何制作“以物抵债”方案

衡　正[*]　江远龙[**]

现实中企业进入破产程序的案件数量在增长，但结案率却并不高。很大一部分原因在于，资产处置遇冷，破产财产无法及时交易变现。实务中，资产处置在一次又一次的“线上流拍”和“线下流产”之后，法院、政府和破产管理人为了止损，为了维护债务人和债权人的合法利益，必须思考一个共同的问题，就是尝试“以物抵债”或“代物清偿”。这被视为法院、政府、管理人乃至债权人和债务人最终的“不二选择”，被视为实现债权、消灭债务、化解债权债务矛盾和解决问题的“最后一根救命稻草”。

如何起草一个完善规范的、合法有效的“以物抵债”或“代物清偿”方案？“以物抵债”或“代物清偿”方案究竟应该包含哪些内容才能以理服人，才能为债权人所认可和接受？笔者认为，一个完善规范的、合法有效的“以物抵债”或“代物清偿”方案，应包含但不限于债务人或破产人进入破产程序的基本情况、债务人或破产人的债权和资产确认情况、“以物抵债”或“代物清偿”的依据、“以物抵债”或“代物清偿”的指导原则、“以物抵债”或“代物清偿”的具体实施方案等内容。

一、方案应彻底厘清债权债务关系

“以物抵债”或“代物清偿”方案是一种特殊的重整方案、和解方案、财产

* 湖北大和律师事务所主任、律师。

** 湖北昌泰祥破产清算服务有限公司破产项目管理人。

分配方案。厘清债务人或破产人的债权债务关系，是制定“以物抵债”或“代物清偿”方案的前提和基础。债务人或破产人的债权债务关系不明，也就是法院、政府和管理人对债务人或者破产人的“家底”不清，即不知道确认的对外欠款有多少、还有多少财产可供分配、可供分配的财产价值是多少。这些又会引发更多的问题，例如在重整和和解过程中，以财产的多少价值为基准与重整意向人和和解债权人谈判，重整意向人、和解债权人和债务人应按照什么样的价值比例和条件作出各自的妥协与让步，投资人以什么为基准测算自身的预期收益，等等。

（一）精准确认债权金额及性质

债权人申报债权，管理人审查债权，债权人会议核查债权，法院确认债权，这是一整套环环相扣的流程。实务中可能更复杂，管理人还需要调查债权事实是否真实，证据是否确凿充分，可能还需要启动“二审”甚至“再审”程序，但结论必须是定量加定性的结合。定量决定了金额多少；定性决定了是否具有优先性，又在一定程度上左右了定量的规模大小。

实务中，有财产担保的债权是“以物抵债”或“代物清偿”的重点。根据原《中华人民共和国担保法》第 33 条的规定，“债务人不履行债务时，债权人有权依照本法规定以该财产折价或者以拍卖、变卖该财产的价款优先受偿”。《中华人民共和国民法典》（以下简称《民法典》）第 386 条规定，担保物权人在债务人不履行到期债务或者发生当事人约定的实现担保物权的情形，依法享有就担保财产优先受偿的权利，但是法律另有规定的除外。无论是对财产价款还是对财产本身享有优先受偿的权利，都是有财产担保债权人应当享有的权利，所以“以物抵债”或“代物清偿”必须优先考虑有财产担保债权人。同时，由于无财产担保的其他债权的优先权相对较弱，或者由于无财产担保而不具有优先性，且财产分配的比例无法确认，所以实务中一般仅将有财产担保债权人作为“以物抵债”或“代物清偿”优先对象。

管理人在厘清债权金额及性质之后，在制作“以物抵债”或“代物清偿”方案时，应当制作一个经管理人审查、债权人会议核查和法院裁定确认的有财产担保债权的明细表和其他债权明细表，表内应包含但不限于抵押权人、抵押物、是否是最高额抵押担保、借贷本金及利息、借贷总金额、债权性质等。

之所以需要制作这个明细表,是因为必须明确有财产担保的债权金额,为以物抵债提供依据,同时也是为之后核定财产价值并与抵押担保财产价值进行对比的需要。

(二)准确界定享有优先受偿权的债权范围

管理人对于清偿顺位靠前的债权和费用,要尤为谨慎。哪些属于破产费用或共益债务范畴;哪些与职工身份相关联的债权属于真正的职工债权;现实中税款债权中的滞纳金、罚款是否应列为劣后债权;是否所有建设工程款债权都具有优先性;建设工程款债权中合理的利润是否包含利息;生效法律文书存在重大瑕疵能否依此认定建设工程款债权的金额;存在重大瑕疵的生效法律文书确定的债权金额与有权机构作出的鉴定报告发生冲突如何处理;违反行政法规强制性规定的民事法律行为并不当然影响合同效力,但物权未变动是否当然认定为可撤销或无效;名为房屋买卖合同法律关系实为民间借贷合同法律关系如何认定;如何推翻虚假的书面证据所代表的法律关系并支持当事人之间隐藏的真实意思表示所代表的法律关系;等等。厘清这些法律关系并确定债权的性质与金额,直接影响财产分配的最终效果。

根据《中华人民共和国企业破产法》(以下简称《企业破产法》)第43条的规定:破产费用和共益债务由债务人财产随时清偿。债务人财产不足以清偿所有破产费用和共益债务的,先行清偿破产费用。债务人财产不足以清偿所有破产费用或者共益债务的,按照比例清偿。这说明按照法律规定,破产费用和共益债务虽然不是破产债权,但具有优于所有债权并随时清偿的优越性。因此,“以物抵债”或“代物清偿”方案,应充分考虑破产费用和共益债务,并在清偿方案中予以提存计算。这一部分,也应当单独编制明细表,以为测算普通债权的受偿比例提供基础。

(三)要准确确认抵债或清偿的资产价值

最高人民法院《关于人民法院确定财产处置参考价若干问题的规定》(法释〔2018〕15号)第2条规定,人民法院确定财产处置参考价,可以采取当事人议价、定向询价、网络询价、委托评估等方式。但无论采取什么样的方式确定什么样的财产处置参考价,都必须是合法合规手段获取的,也必须是当事人双方认可的。以司法委托评估确定财产处置参考价为例,一旦第三方评估机构出具评估报告并经由法院审查认定,管理人即可依债权人会议授权组织网络拍卖。第一次拍卖以评估价作为起拍价,问题是经多次降价拍卖无法实现财产处置目的且继续降价有使财产价值继续贬损及严重损害债权人利益的情况可能发生。那么此时,“以物抵债”或“代物清偿”就不得不提上议事日程,且以什么样的参考价作为基数与抵押权人商讨标的价成为一个现实问题。实务中存在两种形式:第一种仍以原评估价作为以物抵债的参考价;第二种以网络拍卖最后一次流拍价作为以物抵债的参考价。当然,采取什么样的参考价,需要管理人与抵押权人进行充分协商。

管理人还应当注意,“以物抵债”或“代物清偿”的资产并非一定全部是抵押物。实务中,“以物抵债”或“代物清偿”的资产虽经降价仍有可能高出抵押担保的债权金额。碰到这种情况怎么办。由于“以物抵债”协议本质上就是一种合同,因此需要双方主体进行平等协商、妥协与退让。站在享有财产担保债权人的角度讲,以物抵债本来就是“别无选择的选择”,高出抵押财产的价值当然不愿意接受。但站在管理人、其他债权人和债务人角度,有些附着物、构筑物附着在抵押担保的标的物之上但又没有抵押且不能分割,其他债权人又不能共有,享有财产担保的债权人不接受的话,这些破产财产就毫无价值可言,这势必会进一步损害其他债权人的利益。所以,程序进行到这一步,双方必须以协商为主,否则案情就会陷入僵局。

二、方案应明确提出维护各方权益的基本指导原则

维护债务人合法权益,保障债权人的合法利益,是法院、政府和管理人对待破产企业的基本指导思想和原则。因此,作为最后阶段的财产分配方案,“以物抵债”和“代物清偿”方案应充分体现这一原则思想。

一是维护债权人利益原则。无论是有财产担保的债权人,还是对特定财产享有优先受偿权的债权人,或是无财产担保的债权人,管理人都要依法依规依职权保障他们利益的实现。那么,如何确保债权人利益的实现呢?假如在网络拍卖无限度流拍,资产价值贬损的趋势无期限扩大,变卖、招标、转让、

置换、出租、投资、转股、重组等线下处置方式均宣告失败的情况下,确保债权人利益最大化实现的唯一出路,就只有“以物抵债”或“代物清偿”这一种形式了。否则,债权人将“竹篮打水一场空”,资产从100变为0,风险从0变为100。这对于任何一个债权人来说,都是不可接受的。管理人要站在债权人的角度,基于这样的分析,说服债权人理性思考与判断,最终作出有利于己方的积极行为。

二是以评估净值或拍卖保留价为限原则。最高人民法院《关于人民法院民事执行中拍卖、变卖财产的规定》(法释〔2020〕21号)第16条第1款规定:“拍卖时无人竞买或者竞买人的最高应价低于保留价,到场的申请执行人或者其他执行债权人申请或者同意以该次拍卖所定的保留价接受拍卖财产的,应当将该财产交其抵债。”第25条中规定:“对于第二次拍卖仍流拍的不动产或者其他财产权,人民法院可以依照本规定第十六条的规定将其作价交申请执行人或者其他执行债权人抵债。……”签订“以物抵债”或“代物清偿”协议是平等主体基于共同的意思表示就消灭债务而产生的一种民事法律行为。双方就达成共同的意思表示至关重要,因此管理人还是应本着协商的原则与抵押担保债权人就抵债的标的物价款达成合意。实务中有两种可能的操作模式,第一种是以网络询价或第三方机构的评估结论作为基数抵债,第二种是以网络拍卖最后一次流拍的底价作为基数抵债。无论采取哪一种形式,权利义务双方都要本着真诚合作、互利共赢的原则作出妥协与让步。

三是“地随房走、房随地走”原则。很多破产企业的破产财产都存在房地一体的客观事实,因此面对现实、正视问题、明确提出这一原则并为抵押债权人所接受,对于法院、政府和管理人为解决其他债权人问题具有非常重要的意义。根据《民法典》第356条的规定,“建设用地使用权转让、互换、出资或者赠与的,附着于该土地上的建筑物、构筑物及其附属设施一并处分”。也就是说,如果要出让土地使用权那么应当一并出让该土地上所附的建筑物,即“房随地走”。《民法典》第357条规定,“建筑物、构筑物及其附属设施转让、互换、出资或者赠与的,该建筑物、构筑物及其附属设施占用范围内的建设用地使用权一并处分”。如果要出让地上建筑物那么应当一并出让建筑物所占用土地的土地使用权,即“地随房走”。不动产的权属存在一定的瑕疵,具有3种可能的情况:第一种情况是当初在办理不动产权证时,由于工作疏忽将本属于此宗土地上的部分房屋落宗在另一宗土地上，导致房地分离；第二情况是在同一宗土地上的不同建筑物分别抵押给不同的权利人；第三种情况是原抵押给权利人的土地后来又新建一些建筑，该类建筑截至法院受理破产申请时并没有取得合法的不动产权证。

四是实物不可分割原则。实务中，如果抵押担保债权人主张对抵押物按照借贷合同约定或管理人审查认定的债权金额进行分割，从形式上好像并无不妥，但实际操作上会遇到很大的难度。首先，进入破产程序的企业，一般情况下不动产均抵押给银行并办理了他项权利证书。《企业破产法》第 19 条和第 20 条仅规定，人民法院受理破产申请后，有关债务人财产的保全措施应当解除，执行程序应当中止，已经开始但未终结的民事诉讼或仲裁应当中止。也就是说《企业破产法》并没有要求对抵押或质押进行解除或中止。这为不动产在破产程序中的分割设定了障碍，只有在解除抵押或质押、权利回归债务之后才能办理不动产的分割，而权利人在债务消灭之前也不可能注销他项权利。其次，不动产权利的分割，虽然是法律允许的，但各地政府都有限制性规定。因为分割、变更不动产可能不符合规划设计条件，可能也不符合最新的控制性详细规划，同时不动产分割会产生巨额税费、测绘费、落宗费、评估费、鉴定费等，这些会增加新的债务，加重债务人和债权人的负担。最后，即便在人为的实物分割之后，也仍然存在一些无法解决的难题，如需要对分割后的土地和房屋的价值进行重新评估，重新评估的结论也会与流拍后最后的底价相冲突，如何权衡是一个问题，并且分割后的土地和房屋其价值不可能完全等于所抵押债权的金额。

五是按顺位和比例清偿的原则。物权具有优先效力，即有担保的债权优先于没有担保的债权，先设定的物权优先于后设定的物权，这就决定了抵押权的顺位。《民法典》第 141 条规定："同一财产向两个以上债权人抵押的，拍卖、变卖抵押财产所得的价款依照下列规定清偿：（一）抵押权已经登记的，按照登记的时间先后确定清偿顺序；（二）抵押权已经登记的先于未登记的受偿；（三）抵押权未登记的，按照债权比例清偿。其他可以登记的担保物权，清偿顺序参照适用前款规定。"实务中，由于存在"地随房走"和"房随地走"以及实物分割困难的实际情况，只能优先选择一家债权额度较大的担保债权人，然后抵债所得价款再按上述法律规定操作。

六是剩余价值退回原则。《民法典》第413条规定，抵押财产折价或者拍卖、变卖后，其价款超过债权数额的部分归抵押人所有，不足部分由债务人清偿。同时，按照《财政部抵债资产管理办法》的规定，对于超出抵押价值的部分，权利人应补偿或退回给债务人。在“以物抵债”或“代物清偿”方案或协议中，这是一条最核心、最灵魂的原则，也是权利义务双方谈判的重点所在。实务中，由于抵债之物的价值往往可能大于担保财产价值本身，在转移占有的同时还必须将剩余财产的价值退回给债务人。这样的安排，对于管理人或债务人来说，并没有偏离抵押担保民事法律行为所包含的应有之义，同时管理人是基于更好地维护其他债权人和职工利益的目的。在这个过程中，需要更好地发挥府院联动的作用，需要更多地引入司法、行政和社会资源。

七是确保破产费用和共益债务实现原则。破产费用和共益债务都是在法院受理裁定破产申请之后为了破产债权人的共同利益而产生的，具有优先受偿权。已经设定了抵押的财产，由于抵押权人可以在财产分配时直接对该财产行使抵押权从而获得优先受偿。从目前的法律规定上看，破产费用和共益债务是不可能或不可能全部从以抵债财产总价值中清偿破产费用和共益债务的。那么如何确保破产费用和共益债务的实现呢？笔者认为，主要有两种途径：第一种是从担保债权中清偿一部分管理人报酬。根据最高人民法院《关于审理企业破产案件确定管理人报酬的规定》第13条的规定，“管理人对担保物的维护、变现、交付等管理工作付出合理劳动的，有权向担保权人收取适当的报酬。管理人与担保权人就上述报酬数额不能协商一致的，人民法院应当参照本规定第二条规定的方法确定，但报酬比例不得超出该条规定限制范围的10%”。第二种是从未设定抵押的财产价值中清偿。由于未设定抵押的财产一并抵债给权利人，可从权利人补偿或返还的价款中清偿。

三、方案应囊括的具体实施内容

“以物抵债”或“代物清偿”方案，既要摆事实，讲道理，明法理，更重要的是要有具体实施内容本身。那么，一个具有可操作性的方案，究竟应该包含哪些内容呢？

(一)编制一个完整的债权债务表

在破产程序中,管理人会经常用到各种各样的工具,如《债权表》《债权审查表》《债权初审意见函》等。《企业破产法》及司法解释只对《债权申报登记册》及《债权表》所应载明的事项和内容进行了规定,对管理人在工作过程中必须应用的其他工具用表没有作出具体的要求。这就要求管理人在具体工作中,根据案件的实际情况,如破产清算、破产重整、破产和解等不同的程序要求,开动脑筋,创造性地编制各类适用的工具表,以为破产程序服务。

《债权债务表》的设计要以会计报表为参照,按"资产、负债、所有者权益"对应债权、债务和清偿金额的思路层层延展。但这绝不是严格意义上的《资产负债表》,仅是套用其逻辑公式,便于理解与操作。

关于资产。这是债务人在债的关系中应当承担的义务,即债务人对外所负的债务,从管理人的角度上来看是债权。之所以将这里的债权在实现效果上与资产画等号,是因为在无债的相对人免除债务或第三人清偿债务的前提下,一般情况下债权是以债务人的资产为限而受偿的。实务中,无论债权人的债权再多,但债务人的资产有限,也仅能以有限的资产清偿债务。因此,从这个意义上来讲,债权是与资产等值的,是狭义上的债权,并不是所有债权的总和。这里的资产就是担保资产和可供分配的破产人的财产。

关于负债,相对于债务人来说是应当承担的清偿义务,相对于债权人来说是应当享有的权利。对于破产企业来说,债务人的负债肯定是大于资产的。这里的负债包含了以合同、侵权、无因管理和不当得利而形成的债务,不排除债务人以财产担保形成的债务和以信用担保而形成债务。

关于所有者权益。在财务报表中,所有者权益等于资产减负债。管理人在破产程序的财产分配阶段,也是采用的这种逻辑。即管理人根据按比例清偿债务的原则对财产进行分配,最终所有者权益为零,财产分配完结,破产程序终结。

(二)对债权债务表所列事项进行详细说明

《债权债务表》既是一个综合性用表,也是一个多功能工具。不仅适用于

"以物抵债"或"代物清偿"的整体方案,也可以分解细化到每一个"以物抵债"或"代物清偿"的对象。因此,所列事项必须全面、客观、准确并有理有据。按照资产减负债等于所有者权益的逻辑思路,一个完整的债权债务表及附注,应包含但不限于以下事项:

1. 资产的范围及属性:主要有有形资产中的动产、不动产,无形资产中的可以评估并具有合理现金价值的资产。其中,动产,不包括银行存款、现金、应收账款等,但包括办公设备、交通工具、机械设备、库存物品等。不动产,包括所有对外提供担保的资产,没有提供担保的资产,没有取得不动产权属证明但经确权所有权归属于债务人的资产,在建工程资产、土地上的附着物和构筑物。无形资产中的专利、商标、著作权和专有技术等知识产权、商业信誉、商业秘密以及客户信息等,只要经评估具有合理现金价值的,都可以作为"以物抵债"或"代物清偿"的资产。这些资产最终按照已抵押担保和未抵押担保两个大类以评估价、流拍价作为期初余额和期末余额进入《债权债务表》。

2. 债权的数额及性质:债务人的对外举债所形成的债务,相对于债权人来说,也有优先受偿权债权和普通债权两个大类。这里要列明所有抵押担保的债权数额,在分别"以物抵债"或"代物清偿"时再予以单列。其他各类享有优先受偿权的债权如职工债权、税债权、建设工程款债权等以及普通债权要一一列明具体数额和性质,并作出说明。

3. 破产费用和共益债务:由债务人财产随时清偿的破产费用和共益债务,也要记入《债权债务表》。需要强调的是,不能简单地以《企业破产法》第 41 条、第 42 条和第 43 条的规定界定和清偿破产费用和共益债务。

(三)对补偿或退回的财产价值进行测算与分析

方案应明确约定,当用于抵债或清偿的资产总价值大于担保债权时,担保债权人应当将剩余的财产价值补偿或退回给管理人。以这些财产价值作为分配基数,先行清偿破产费用和共益债务后,再按《企业破产法》第 113 条规定的清偿顺序进行清偿。

值得注意的是,在抵押担保财产价值中,应先行扣除《企业破产法》第 132 条规定情形所涉的职工债权及管理人因存放、维护、监管等为实现担保债权而直接或间接产生的系列费用,该费用按最高人民法院《关于审理企业破产案件确定管理人报酬的规定》第13条规定进行协商或测算。

(四)对管理人的职责义务进行明示

"以物抵债"或"代物清偿"方案是一项系统而复杂的工程,管理人除了要将方案的指导思想和基本原则说清讲透之外,还要对各项数据进行反复地推演,同时管理人在最后阶段所应尽的职责和义务内容也缺一不可并且应予以加重。

一是要发挥好府院联动的桥梁纽带作用。企业特别是一个体量较大的企业破产,对一个地方的经济和社会影响是较大的,完全靠管理人一己之力孤军奋战,效益和效果不可能尽善尽美。特别是破产企业往往交叉着历史和现实的多重原因,需要更多的方式、方法、手段和资源支持才能够圆满解决。因此,在这个过程中,管理人要充分发挥桥梁和纽带作用,撬动府院联动机制,充分整合司法、行政和社会资源,共享需求侧改革成果。政府要站在与发展经济和改善民生同等重要的政治站位进行宏观指导,优化区域产业结构,调整投资强度,给予政策倾斜,支持和帮助金融部门接受"以物抵债"和"代物清偿";法院要从维护司法公正和维护社会稳定的大局出发,把握方向,释法明理,促谈促合;管理人要掌握案情全局,关注重点,研究方案,反复测算,直到数据准确,观点明确,论证充分。

二是要继续调停各方作出实质性妥协。管理人若选择始终以网络拍卖或其他变价降价方式处置资产,在依法合规的情况下债权人也无可厚非。但正是因为本着对全体债权人负责任的精神,从最大限度减少债权人损失、维护债权人利益的角度出发,才最终得出"以物抵债"和"代物清偿"方案。这个方案的形成过程,也不是一个单方面的行为,需要债权人的积极配合与支持。一般情况下,由于"以物抵债"或"代物清偿"的相对人并非单一的,方案往往在总体框架基础分出多个。在促成协议过程中,对于各方作出的妥协与让步,管理人要适时对《债权债务表》进行调整,对方案进行补充完善。

三是积极招募资产回购的第三人。府院联动和管理人的深度参与,还有一个重要原因,就是向抵押担保债权人表明,在方案通过和协议达成之后,管理人后续还要持续跟进。在这个过程中,管理人和抵押债权人还要密切合作寻求政府支持并通过政府平台进行招商引资，以变价出售、抵押贷款等形式重新盘活资产；或者担保债权人另行委托管理人通过阿里"精准获客"平台，以大数据匹配精准高效对接目标客户，同时管理人也可为目标客户寻求阿里融资服务；管理人还应积极履行勤勉尽责义务，充分撬动府院联动，按照国家发改委、最高人民法院等13部委联合下发的《关于推动和保障管理人在破产程序中依法履职进一步优化营商环境的意见》（发改财金规〔2021〕274号）给予利益各方以政策支持。

四是全力协助办理好产权转移和核销欠缴税款。方案获批并达成协议之后，管理人要协助人民法院为抵押担保债权人提供抵债标的物的权属过户咨询服务，协助办理结算和权属过户。管理人还要协调税务部门处理好破产企业及"以物抵债"的涉税问题。按照国家发改委、最高人民法院等13部委《关于推动和保障管理人在破产程序中依法履职进一步优化营商环境的意见》，该意见明确规定"便利破产企业涉税事务处理"，管理人要协调必要的发票供应和依法核销欠缴税款，以减轻相关利害关系人纳税负担，增加其他债权人的受偿比例，维护好各方权益。

在当前的经济形势和条件下，管理人如何勤勉尽责和忠实执行职务，如何在满足法定程序的基础上更好地服务于债权人，这是一个值得深思的问题。但不管怎样，管理人自接管破产企业的那一天起直到案件终结，对于各方利益的平衡与维护都是义不容辞的。

"以物抵债"或"代物清偿"方案是管理人终结破产案件的最后一个"锦囊"，也是设定财产抵押的债权人的"最后一道防线"。有达成协议的基础，也有谈判破裂的可能，但最终一定会是一个多赢的结果。这就要求法院、政府、管理人、债权人和债务人要以充分的信任、坚定的耐心、诚恳的态度、博大的智慧，齐心协力描绘方案，患难与共书写蓝图，以退为进担当风险，高瞻远瞩共享利益。

一个企业要生存不简单，要消灭也不容易。"以物抵债"或"代物清偿"方案，绝不是最后的结局，而是从零开始的一个新的决策与投资。相信，除此之外，会有更新颖的观点、更科学的方案出炉，会有更深刻的思想迸发，会有更灵动的智慧闪现，会有更耀眼的标杆指引。

破产程序中不良资产转让制度的优化

丁　燕[*]　姜　涛[**]　徐剑锋[***]

一、破产程序中不良资产转让的潜力

2021年第四季度末，商业银行不良贷款余额2.8万亿元，较上季末增加135亿元①，经济下行对金融业的影响有一定延迟性，不良资产风险的暴露有一定的滞后性，这将对金融业造成极大的挑战，通过金融业风险还将传导到实体经济上，对经济运行产生巨大负面影响。

包括催收、转让、债转股在内的传统不良资产处置方式的消化能力现已接近饱和，但传统处置方式与破产制度缺乏配合，在破产程序中显得十分乏力。根据世界银行发布的营商环境报告，中国在破产程序中的债权回收时间达到1.7年，且"债权回收率极低，只有36.9%"②，破产程序中，不良资产持有人往往要付出高额成本。

因此在破产程序中，对外转让不良资产是金融债权人的重要选择，这可以降低资本占用，以便专业受让者参与破产程序，是优化资源配置的良好手段。在经济增速放缓和中央推进金融去杠杆的背景之下，资产管理公司在提

---

* 青岛大学法学院教授，青岛市法学会破产法研究会会长。

** 北京市中伦（青岛）律师事务所合伙人。

*** 国浩律师（青岛）事务所律师。

① 《2021年四季度银行业保险业主要监管指标数据情况》，载中国银行保险监督管理委员会官网2022年2月11日，http://www.cbirc.gov.cn/cn/view/pages/ItemDetail.html? docId=1037852&itemId=915&generaltype=0。

② 丁燕：《世行"办理破产"指标分析与我国破产法的改革》，载《浙江工商大学学报》2020年第1期。

升对不良资产处置能力的基础上,也在同步加强资产的运营管理能力,积极参与企业资产重组和债务重组,通过收购不良资产的方式,达到对企业的资金、资产、人才、技术和管理等生产要素进行重新配置的目的。资产管理公司在探索以产业投资方需求进行反向收购不良资产,通过破产程序的债权清偿与不良资产相关债权定价结合的不良资产新处置模式探索。

二、破产程序中不良资产转让存在的问题

实践中破产程序中不良资产的转让并未发挥应有的效果,其原因十分复杂。首先,破产程序中的不良资产转让程序具有一定复杂性,在立法、司法、行政均未有针对性地进行优化时,会出现运作不畅的情况;其次,政府和法院对不良资产转让的重视程度不够,缺少必要的合作和指导;最后,不良资产转让的市场化程度有限,交易成本高、效率低。

(一)缺少统一交易平台,不良资产交易成本高

“只要有破产,就一定会有债权债务关系,债权如何实现?处置不良资产这个机制离不开市场”。[①] 在破产程序下,市场有更多特殊性,较高的风险使买方需要对信息进行充分、全方位的掌握,但潜在买方获取信息成本高,交易意愿自然就降低,导致不良资产转让的市场化程度不高。我国现有的不良资产交易平台在规模和功能上都存在局限,大多数平台只起到了有限的信息披露功能,多数平台都没有起到撮合交易等其他作用。在“困境企业”存在复数金融债权人,不良资产也存在多个潜在买方的情况,现有平台无法真正发挥作用,解决交易成本高的问题。

理想的平台应当具备包括交易撮合、后续程序配合、过户等多种机能,且应涵盖全国范围的不良资产交易,但该种平台建立的成本高昂,有激励建设平台的主体缺少实力,有实力的主体缺少激励,交易平台的搭建需要破解这一困局。

① 李曙光:《处置不良资产需要健全债权市场》,载《经济参考报》2018 年 5 月 16 日,第 8 版。

(二)不良资产收购主体受让能力有限

《金融企业不良资产批量转让管理办法》仅给予部分资产管理公司收购资格,消化能力有限。以四大资产管理公司为例,中国长城资产管理股份有限公司2021年收购不良资产逾1360亿元,[①]2021年发布的《中国地方资产管理行业白皮书(2020)》显示,截至2020年12月,经银保监会核准公布的地方AMC达到58家,总资产超过6000亿元。资产管理公司的资产规模并不低,但相较于我国不良资产总规模,消化能力仍显不足。处置周期也是影响消化能力的重要因素,破产程序尤其是重整程序持续时间很长,导致处置资本周转率较低,阻碍了受让方对不良资产的后续处置。但现阶段无论是资本规模还是处置效率都很难大幅度提升,现有不良资产收购主体的消化能力基本已经达到了上限。

实践中出现了社会资本通过资产管理公司作为通道参与不良资产转让的行为,资产管理公司代为收购不良资产再按协议转让给社会资本,这一尝试可以增加不良资产处置能力,但仍然面临合规性的争议,实践中也存在银行将资产管理公司作为通道的假出表行为,有必要对两者就行区别规制。在一级市场之外,二级市场表现疲软的现状也不容忽视,现有不良资产收购仍然以资产管理公司为主,社会资本参与十分有限。

(三)破产程序中不良资产回收率较低

即使前期交易顺利,后续程序仍然需要较高的经济成本和时间成本。不良资产转让涉及税费、复杂的程序。高昂的经济成本和较长的调查时间最终将影响不良债权的最终回收率,普遍的低回收率会对不良资产处置行业造成影响,降低资产管理公司购买破产企业不良债权的意愿,降低不良资产价值。

在破产程序中债权人本就难以获得全额清偿,不良债权的最终变现还需要一定时间,综合考虑金额和时间因素,不良资产在破产程序下的回收率更低,对不良资产市场上买方的定价和市场活跃度造成很大影响,给破产程序

① 张莫、王梦真:《聚焦主业　中国华融上半年实现不良债权资产收入总额210.7亿元》,载《经济参考报》2022年3月11日,第8版。

中不良资产的转让造成了较大的负面影响。

(四)银行在破产程序中处置不良资产内部流程复杂

由于监管系统未根据破产程序特点进行专门制度设计,在实践中银行进行不良资产转让的内部审批制度较复杂。根据中国银行业监督管理委员会(现为中国银行保险监督管理委员会)、财政部的《不良金融资产处置尽职指引》,不良金融资产处置具有一套完整的审批规则,但在破产程序中债权的清偿(也是破产程序中不良资产的定价依据)是按照破产法的相关程序以及规定实施的,《不良金融资产处置尽职指引》第47条也规定,“除接受人民法院和仲裁机构有终局性法律效力的判决、裁定、裁决的资产处置项目及按国家政策实施政策性破产、重组外,不良金融资产处置方案须由资产处置审核机构审核通过,经有权审批人批准后方可实施”,并针对债务人采取破产重整作为债务重组方式的“应建立操作和审批制度,依据有关法律、法规、规章和政策等切实维护自身合法权益”。这种审批标准和审批流程上的“双轨制”造成了银行内部审批存在较多困难,银行对破产程序中债权的转让往往是以不良金融资产处置的审批规则进行审批,变相增大了破产程序中不良资产转让审批难度和审批期限,提高了不良资产在破产程序下对外转让的成本,降低了银行对外转让不良资产的动力和效率。

三、优化破产程序中的不良资产转让制度

(一)结合破产信息化建设,打造不良资产综合转让平台

破产信息化的前景正在得到更多重视,学者提出,要“进一步推进信息化手段在破产公告通知、债权申报、债权人会议召开、债务人财产查询和处置、引进投资人等方面的深度应用”,[1]破产信息化对不良资产转也能提供助力。但现有实践中破产信息化工作仍存在一些问题,如“智慧执行系统……不能

---

① 王欣新:《以破产法的改革完善应对新冠疫情、提升营商环境》,载《法律适用》2020年第15期。

与企业破产重整系统相兼容”。[①] 在破产信息化的基础上,不良资产转让平台的建设将发挥更大效果,但现有网上交易平台都存在各自的问题,“在不良资产市场中仍然主要发挥信息展示作用,网络平台在不良资产交易撮合上还不能很好地满足当前业务需要”。[②] 为解决达成交易成本过高的问题,必须同时抓好破产信息化建设与不良资产综合转让平台的打造、打通“壁垒”。

破产工作涉及的案件信息很多,信息化不仅要求将相关信息进行统合,还可将部分工作转移至线上。法院对破产案件信息系统的完善将成为不良资产综合转让平台的基石,法院应当将法院内部的执行平台与破产案件平台打通,同时对接征信平台、税务系统、工商部门和不动产登记部门的系统,这不仅能为破产工作的开展提供便利,也方便不良债权转让时信息披露工作的进行。

为改善现有不良资产转让缺少统一平台的问题,需要由政府牵头,法院、银行、资产管理公司等相关主体共同参与,搭建全国性、专业性、信息化的不良资产转让平台。数据的互联网化简单,但思维的互联网化更难,综合转让平台要与征信平台等进行对接,接入法院的破产信息系统,实时更新案件信息,并利用大数据技术,为重点企业搭建数据模型,为政府决策、破产工作开展提供支持。

平台的定位是信息披露、撮合交易、尽职调查、协助办理过户、协调受让人加入破产程序“五位一体”的综合性平台。在信息披露上,由法院对相关信息进行整合,保证潜在买家可以对不良资产价值作出初步判断。撮合交易的功能可以扭转信息错配现状,优化买卖双方配置,大大降低前期接洽成本,提高不良资产转让交易的成功率。而尽职调查、过户办理各项程序等工作,同样需要平台提供的信息和配合,法院和政府能够通过平台实时了解转让工作进程,并及时提供必要服务,为买卖双方纾困,发挥综合转让平台的作用,真正为破产程序中不良资产的转让提供便利。

---

① 谭世贵、王强:《我国智慧法院建设的实践、问题与对策》,载《杭州师范大学学报(社会科学版)》2019 年第 6 期。

② 袁满、何力军:《银行业不良资产处置:基于互联网平台的模式创新》,载《南方金融》2015 年第 12 期。

(二)建设府院合作机制,降低不良资产回收成本

处置效率的提高相当于从上游提高不良资产的供给质量,不良资产回收率的提高和回收速度的加快将有效提高处置的效果和效率。因此,要在“府院合作”的基础上,充分发挥市场作用,为破产程序中的不良资产转让搭建平台,有效降低不良资产回收的时间和金钱成本。要打造有信息沟通和工作安排机能的“府院合作”平台,保持法院和政府之间信息沟通顺畅,统一进行工作安排,为不良资产转让提供方便。

想要降不良资产转让的低时间成本,地方政府可以试点建立风险预警系统,与破产信息化系统结合,利用征信系统、工商系统的提供的数据和大数据技术,筛选出存在一定风险的企业进行监控,尽早获知违约风险,在企业经营出现困难时尽早介入,提供必要帮助。在破产风险发生时,要利用好“府院联动”机制协调,地方金融监管机构要积极参与,协调各金融债权人对不良资产进行打包,并尽早建立金融债权人委员会,以便后续参与破产程序和不良资产转让;在寻找潜在受让对象时,地方政府要发挥好自身优势,主动对接资产管理公司进行推介;法院在进行审理时要将信息和工作需要通过“府院联动”机制进行通报,完成信息共享。

在预警机制方便前期工作尽早开始的基础上,法院可以对困境企业情况提前了解,对企业是否有拯救价值进行判断。应当探索对有拯救价值的企业灵活运用预重整和庭外重组等程序,为不良资产转让和企业破产重整争取时间。同时,政府和法院要用更加灵活的协商方式推动金融债权人和受让人间就企业的重整事宜、偿债安排达成一致。这样一方面降低风险、提高出售可能性,另一方面也能降低回收时间成本。地方金融监管部门需要深度参与庭外重组和预重整制度,做好金融债委会的组织工作,深入了解金融债权人需求,为其打消疑虑、提供便利。司法机关要做好庭外工作与司法制度的衔接,对前期协议进行确认,便于以司法力量保证重整计划的执行。

不良资产的买卖双方需要按照规定完成尽职调查、不良资产过户、税款缴纳等工作,法院和政府应当为交易双方提供统一的、一站式服务。首先地方金融监管机构和法院要结合已有信息,组织尽调方对信息统一收集、统一验证,可以提高效率,避免重复劳动,并在潜在买方需要获取困境企业资产情

况、信用评级等文件时给予必要配合,协调人行征信中心等部门为所有买方统一提供资料。在经过磋商,买卖双方达成一致后,要依法签订协议,做好转让实施的服务工作,对银行流水、材料交接进行监督,确保不良资产转让的真实性,防止以虚假交易出表。税务机关要对与不良资产转让后续相关的环节提供全方位税收减免,或提供其他税收优惠,保证不存在额外税收负担,法院也要及时将不良资产的买方引入破产程序,并对已开展的工作进行说明,明确其拥有的权利义务,保证后续重整能够顺利进行。

(三)健全不良资产转让两级市场,探索多元化资本运用

不良资产的批量转让存在两级市场,资产管理公司虽然运作更加专业化、合法化,但所能提供的资金有限,难以应对较大的不良资产规模。但若允许社会资本直接批量受让不良资产,则可能产生较高的交易成本和风险,必须寻找一个平衡点,同时发挥一级市场的规范性和社会资本的开放性。

想要逐步放开对批量收购不良资产主体的限制,一是从现在试点的资产管理公司向外扩张,允许更多主体参与收购不良资产,引导相关机构设立专门的不良资产收购部门;二是开放地方资产管理公司跨省收购债权,引入适当的竞争,促进各资产管理公司在竞争中迅速成长。在增加合规收购主体数量的同时监管部门要做好制度建设,总结前期试点经验,对组织建构、人才培养、合规催收等制定完善的规章制度,并建立严格准入制度及考核制度,保证不良资产的收购和后续处置合法合规,对受让主体是否具有足够能力、是否违规进行定期考核,拟定动态名单,促进各主体做好内部建设和合规工作,为后续社会资本的运用和二级市场活化做好准备。

由于不良资产收购及处置的特殊性,收购主体必须保持一定的专业性,社会资本完全可以利用其他合法渠道补足专业资产管理公司的空位。破产程序下的不良资产转让有其优越性,受让人通过参与债权人会议、表决重整方案,在破产程序中即可实现债权,可以将破产程序中的不良资产转让作为率先允许社会资本参与的试点。对于银行将资产管理公司作为“通道”的行

为要严格控制,[1]但可以允许社会资本将资产管理公司作为“通道”受让不良债权,同时也应当明确这一过程中各方当事人的权利义务,不能放松对合规性的审查。具体而言,要承认社会资本与资产管理公司等之间内部“通道”合同的效力;对外,资产管理公司等主体仍为当然的不良资产持有人,资产管理公司有权利要求社会主体按照合同规定条件受让不良资产,但在条件达成进行转让前风险和收益仍由资产管理公司承担。这一法律规定将明确社会资本和资产管理公司的关系,大大降低整个过程的风险,充分发挥一级市场的作用,最终提高市场参与者的收益。

此外还应当重视二级市场的建设,现有二级市场存在“投资者依旧不足,且观望情绪明显,即使在发达地区,除少数专业机构外,民营资金介入并不多”[2]的特点,供求不平衡、卖方强势、买方风险承受能力较弱是需要解决的首要问题。一方面,要鼓励资产管理公司向二级市场转让所收购的不良资产,利用提供税收优惠、进行绩效考核的方式,增强资产管理公司释放不良资产的意愿,并允许资产管理公司进行一定的金融创新,通过交易平台发行金融产品。唯有源头活水不断,才能真正激活二级市场,资产管理公司对优质不良资产进行转让,独立处置风险较高的不良资产,可以提交整个市场的效率。另一方面,要做好监管工作,保证金融产品卖方尽到说明义务、建立专门的纠纷解决机制,坚决防止借不良资产转让名义从事违法金融活动,对二级市场参与者要说明不良资产收购的风险和程序,确保二级市场的买方对交易性质有充分认知,鼓励受让人积极合法行使权利。

(四)设计破产程序配套的不良资产转让审批标准和程序

资产管理公司通过债权收购,可以为不良资产的处置和危困企业拯救提供包括财务重组、资产重组、股权并购甚至是产业重组和跨境并购在内的综合解决方案。促进资产管理公司积极参与破产程序是“困境企业”拯救和区域金融风险化解的重要方式,但也需要优化银行内部针对破产程序下不良资

---

① 参见杨宁:《商业银行不良资产结构化转让风险与防控》,载《浙江工商大学学报》2017 年第 2 期。

② 曹东坡、赖小鹏:《当前形势下不良资产基金化运作模式、障碍与对策》,载《金融发展研究》2019 年第 2 期。

产转让的审批标准和程序，降低时间成本和经济成本，拓宽上游的不良资产处置路径，引导银行增加对资产管理公司不良资产供给。

银行应当将不良资产处置与破产程序有机联动，增加以破产程序为核心的流程规定和审批标准，保证对不良资产转让的内部审批流程涵盖不良资产所涉及法律、审计、评估、征信、交易和处置等各方面，从而使破产程序与不良资产处置程序更加高效衔接，做到各个环节无缝对接、有条不紊。

为做好内部审批工作，银行首先要充分行使破产程序中的知情权，积极参加债权人会议、金融债权人委员会等，对不良资产的价值和清偿方式作出预先判断，并整理相应证据和调查记录以备后续审批工作，这是不良资产处置的必要前提。对于近年来各地正在探索的预重整、庭外和解等程序，银行同样应当充分抓住其灵活性高、弹性强的特点，就处置方案与可行性进行充分的调查与沟通，充分利用好这种程序，在参与预重整、庭外和解等程序时做好与企业、管理人、法院以及评估机构的合作和对接，获取内部审批所需要的必要信息和证据。

在前期尽职调查的基础上，银行应当根据破产程序的特点制定可能的处置方案，对风险高、收益低的不良资产进行转让，此时需要就不良资产转让方案与破产清算、破产重整情况下不良资产的清偿情况、成本和风险进行综合比较，以供审批部门进行考察、审批。银行不应当给予破产程序中不良资产处置过于严苛的待遇，根据破产程序的特点完善现有指引，有针对性地制定审批标准，将后续参与破产程序的成本和风险考虑在内，着重对破产程序中不良资产的价格评估、不良资产处置可行性进行研究。

在审批程序方面，应当做到尽早启动、及时跟进，在获取了必要信息后，应当根据程序的进程随时向审批部门提供最新审批材料，并收集相应文件与信息，争取时间上的主动性。审批部门既要综合考虑各方因素，也要提高审批效率、降低工作的重复性，在合法合规的基础上减少不良资产转让的审批环节，降低审批成本，提高银行在处置不良资产方面的效率，为资产管理公司参与破产程序提供便利，真正做到破产程序中不良资产转让的双赢甚至多赢。

四、结　语

破产程序与不良资产转让的碰撞产生了许多令人欣慰的火花,可能在将来为不良资产处置带来重大变革。但是两种制度的复杂性要求立法机关及时进行法律修改、司法和行政机关通力合作,运用平台思维、互联网思维、市场化思维处理破产程序中的不良资产转让问题,在制度创新的基础上保证不良资产快速、低成本的转让,进而推进破产程序本身的更好完成。不良资产转让和破产程序的互相作用将产生正向反馈,既推动企业破产制度不断优化,也为不良资产的处置提供崭新思路。

四、数字经济

圆桌会议:破产法的数字化创新与价值最大化探讨

徐阳光[*]　杨忠孝[**]　董　璐[***]　黄赛琼[****]　任一民[*****]　姜天萃[******]

按语:2021 年 8 月 18 ~ 20 日,第二届 MAX 价值云峰会在云端开播,由中国人民大学破产法研究中心、北京市破产法学会、浙江省法学会破产法学研究会共同主办,浙江省破产管理人协会承办,旨在助力营商环境优化,畅通国内大循环,促进破产案件办理信息化升级。本届云峰会由徐阳光教授担任总策划和总导演,视频访谈涵盖全国 30 多个城市 170 多位行业代表的精彩分享,视频播放总时长约 13 小时,分 3 天播放,按照三大篇章行进:现实篇主题为"'办理破产'数字化创新与价值最大化探讨";探索篇主题为"个人破产探索 + (预)重整实践 + 房企破产案例分享";未来篇主题为"破产审判数字化与营商环境法治化之路"。本届云峰会通过新浪微博、百度直播、网易新闻等多平台直播,全网 2000 万 + 的观看人次,突破时空限制,给法学界带来了一场精神盛宴。本文为云峰会特别节目之圆桌讨论会的全程文字实录,特此说明并致谢。

---

* 中国人民大学法学院教授,博士研究生导师,中国人民大学破产法研究中心副主任兼秘书长,北京市破产法学会会长。

** 华东政法大学教授,上海市法学会破产法学研究会副会长。

*** 乐山师范学院的副教授、四川省破产管理人协会秘书长。

**** 杭州市富阳区人民法院民四庭副庭长。

***** 浙江省法学会破产法学研究会常务副会长、浙江省管理人协会的会长、京衡律师事务所管理合伙人。

****** 阿里巴巴资产事业部破产业务总监。

徐阳光:欢迎大家收看第二届 MAX 价值云峰会,本次活动由中国人民大学破产法研究中心,北京市破产法学会,浙江省法学会破产法学研究会共同主办,由浙江省破产管理人协会承办。我们在全国各个省、自治区、直辖市邀请了一些法官、管理人代表,一些债权人代表,还有一些专家学者接受我们的采访,以视频录制的方式呈现,涉及人数非常多,我们希望从多个角度呈现大家对于"价值最大化"这个话题的一些看法、一些好的经验和做法以及存在的问题,希望通过 MAX 云峰会能够取得一些共识。

今天,我们这个圆桌讨论会是第二届 MAX 价值云峰会的一个重要的环节。首先给大家介绍一下我们这次讨论会的嘉宾:华东政法大学教授、上海市法学会破产法学研究会副会长杨忠孝老师;曾经是著名的破产审判法官,现在是乐山师范学院副教授、四川省破产管理人协会秘书长董璐老师;浙江省法学会破产法学研究会的常务副会长、浙江省管理人协会会长、京衡律师事务所管理合伙人任一民律师;杭州市富阳区人民法院民四庭副庭长黄赛琼法官;网拍平台代表、阿里巴巴资产事业部破产业务总监姜天萃女士。

我希望大家今天能够在营商环境优化建设的背景下,结合破产审判的信息化建设的这个目标追求,来探讨我们破产财产网拍发展过程中的问题,提出规范化发展的建议。首先,我想简单回顾一下司法网拍和破产网拍的发展简史。

2012 年 6 月 27 日,浙江省高级人民法院和淘宝网联合推出的网络司法拍卖平台正式上线,自此,浙江省各级法院涉诉资产都可在淘宝上进行司法拍卖。2012 年 7 月 10 日晚 10 点,两辆分别来自宁波北仑区、鄞州区的涉诉车辆,成为全国法院中首例通过互联网进行司法竞拍的涉诉物品:起拍价 19.99 万元的宝马 730 以 33.09 万元被拍走,而另一辆三菱欧蓝德也以 6.7 万元成交。这是法院作为卖家、淘宝网作为平台的首次司法拍卖。在某微博调查中,94% 的网友对司法网拍表示了赞同,认为可以增加透明度,减少"暗箱操作",其中,认为可以在全国推广的占 88%,认为不可以的占 5%。

2017 年 1 月 1 日,最高人民法院《关于人民法院网络司法拍卖若干问题的规定》正式施行,明确了网络拍卖优先的原则,即鼓励优先通过网络拍卖的方式处置财产。

2017 年 4 月 10 日,中国人民大学破产法研究中心和浙江省高级人民法院组成调研组，就破产财产网络拍卖问题前往阿里巴巴开展调研活动，与阿里巴巴创新业务事业部进行了充分的沟通，就网络司法拍卖的发展进行了总结，对如何为破产财产网络拍卖设计专门的网络平台和运行机制进行深入的交流，达成诸多共识。

2017 年 5 月 27 日，阿里拍卖平台专设破产财产处置通道，根据破产财产处置的特殊情况设置了破产处置主体、网拍次数和降价规则等，以适应破产财产处置的特殊需求，并在此基础上根据破产财产处置的特殊需求进行了更广范围的推介。

2017 年 6 月 13 日，浙江省杭州市富阳区人民法院受理的浙江泰科铁塔有限公司破产清算一案的相关土地使用权、房屋等资产，首次在阿里拍卖平台的破产网拍通道挂牌处置，当天经竞买人轮番竞价，上述资产以总价 6554 万元成交，超出起拍价 1045 万元，溢价率达 18.97%。这是阿里拍卖平台破产财产处置通道的首次独立开放，得到管理人和债权人的广泛好评。

2017 年 9 月 20 日，一则网络拍卖大飞机的新闻吸引了海内外的关注，新闻主要内容是破产企业翡翠国际货运航空有限责任公司破产财产在阿里拍卖平台拍卖 3 架波音 747 飞机。这 3 架飞机在线下进行了 6 次拍卖，但均以流拍告终。2017 年 11 月 20 日，在深圳中院的指导下，这 3 架货机在阿里巴巴旗下拍卖平台正式开拍，成为我国开展司法网上拍卖以来首次通过在线平台司法拍卖飞机。3 架飞机起拍价分别为：1.226004 亿元、1.337808 亿元、1.350386 亿元，最终的拍卖成交价分别为：1.4608032 亿元，1.607808 亿元、1.620386 亿元。

2019 年 1 月 18 日，在保定天威集团有限公司破产重整案中，保定天威电气成套设备有限公司和中南输变电设备成套有限公司股权在阿里拍卖平台被成功竞拍，此次拍卖开创了管理人通过网络拍卖自主处置破产财产的新路径，是全国首例管理人自主通过网拍处置破产资产。

以上是一个简单的时间轴大事记。其中，在破产网拍独立通道的尝试和探索过程中，杭州市富阳区人民法院第一个运用这个通道来发拍，当时富阳区人民法院是基于一种什么样的考虑选择这样一种方式来发拍？在这个发拍的过程中法院有一些什么样的心得体会？请黄赛琼副庭长为我们做个分享。

黄赛琼:我们富阳区人民法院在2014年、2015年就已经开始探索通过司法网拍平台处置破产财产。虽然通过这个通道处置破产财产取得了一些效果,但是,在这个过程当中也遭受到了多方面的质疑,主要有以下几个方面:

第一,对于这个拍卖媒介选择的质疑。大家都知道拍卖有两种形式,一种是传统的拍卖,另一种是网络拍卖。当时因为受到拍卖法的制约,很多法院都是通过传统拍卖方式,也就是现场拍卖的方式来处置破产资产。网络拍卖原则上都是通过司法网拍平台来处置,但是当时对于破产资产能否通过司法网拍平台进行处置,有很多质疑的观点,因为司法网拍平台上主要是人民法院对执行案件中的一些资产进行的拍卖,最高人民法院《关于人民法院网络司法拍卖若干问题的规定》旨在规范网络司法拍卖行为,但并没有明确破产资产可以通过网络拍卖的形式或者说通过司法网拍的平台进行处置,所以很多债权人,包括管理人,都对我们法院当时探索的通过司法网拍平台进行拍卖提出了质疑。

第二,对于变价规则的质疑。大家知道,司法网拍平台有个变价规则,就是两次拍卖流拍之后,那必须要进入变卖程序。变卖程序对于破产资产的贬值是比较严重的,而且司法拍卖的降价幅度是有严格要求的。但是对于我们企业破产法来说,它没有规定两次拍卖未果之后就只能变卖。我们设置的降价幅度也是比较灵活的,所以更多的管理人更希望通过线下的传统拍卖方式来进行拍卖。因为我们法院在力推这个事,所以有些管理人就想了一个折中的办法,就是对于这个拍卖的资产进行重新评估,那就可以再进行两次拍卖,但是这在一定程度上,不仅影响了这个拍卖的处置破产资产的效率,也会加重破产费用的支出,所以说,当时他们对于这个线上拍卖还是存在一些质疑的。

第三,对拍卖主体的质疑。司法网拍平台的财产处置主体是人民法院。破产财产上平台拍卖,虽然在资产竞价公告里面已经明确说主体是管理人,但是拍卖成交确认书最终确定后,打印出来显示的处置主体还是人民法院。因此一旦遇到一些问题,买受人还是想当然地认为这个处置主体是法院,就找到法院这边来。在2017年的时候,我们法院破产资产的处置已经在我们所有资产处置中占到了1/3,这个量是非常大的。另外,司法网拍平台的这个挂拍的通道只有我们法院有,所有的资产要挂拍都要通过我们法院这个通道,当时我们法院只有一个工作人员是专门负责挂拍材料的，所以他的工作量可想而知也是非常大的，不仅要进行挂拍，而且我们还要对这些挂拍的材料进行审核，久而久之，我们法院的这个工作量也是满负荷进行了。

基于这三个方面，我们对破产资产网拍过程中存在的一些问题进行了梳理。2017 年 3 月，浙江省高级人民法院联合中国人民大学破产研究中心，就破产资产网络拍卖问题展开了调研，当时我们法院也参与了这个座谈会。我们提出在网拍过程当中存在的一些问题和建议，比如说，专设破产通道，变价主体的设置以及竞价规则的变化等。5 月，这个专门的破产通道开通，我们很荣幸成为全国首家体验单位来参与这个工作，也作为试点单位参与破产资产专门通道的挂拍。6 月，浙江泰科铁塔有限公司破产清算案的相关资产在这个专门通道上挂拍成功，最终溢价率达到了 18.9%，溢价金额达到 1000 多万元，效果很好。7 月，我们又合作了探索管理人挂拍的通道，这又区别于司法网拍，不再是搭建在司法网拍平台里面，而是有一个专门的通道。我们依法指定的 3 家管理人也是作为首批用户，一共挂拍了 180 多件产品，从管理人挂牌然后到法院完成审核，一共也就用时 1 小时，非常便捷。以上就是富阳区人民法院参与破产网拍工作的相关的一些发展路程。

徐阳光：谢谢赛琼法官。应该说，破产财产网拍实践是在争议声中发展的，或者再往前追溯一下，整个司法财产的网络拍卖也是在这个质疑的过程中产生的，但自最高人民法院《关于人民法院网络司法拍卖若干问题的规定》颁布之后，这一工作发展得越来越好，大家也看到了“资产网络化处置”或者叫“信息化处置”的优势。资产处置有很多种方式，网络拍卖是方式之一，但有它独特的优势，下面请杨忠孝老师发言，谈谈破产财产的网络化处置的优势。

杨忠孝：债务人进入破产程序，无论是破产清算还是重整，资产的处理是破产事务管理中非常重要的内容。关于这方面的问题，有两个维度要特别关注，第一个是法律维度，因为它是整个债权债务关系的结合点，相关权利义务的处理实际上都围绕这个法律展开。第二个非常重要的问题是破产企业的商业价值。破产财产的处理一定是最有效地完成资源的配置，并且发现当中的价值最大化。

实现价值最大化的方法有很多的途径，随着社会的发展和网络市场的兴起,传统意义上的市场转化成为一个线上线下共同构成的市场状态,网络拍卖本身超越了地理和时空环境的限制,可以有很多突破,而且一个特别重要的问题是,通过网络拍卖可以把很多信息无障碍、无差别地传递给所有可能参加竞买的人,可以有效解决信息不对称的问题,这对于市场本身的发育具有非常重要的意义。尤其是在破产财产处置过程中,我们特别强调降低成本的问题,传统的处理方式尽管能够比较好地满足破产财产个性化的要求,但它毕竟是要寻找合适的交易对象磋商合同,进行谈判合同,进而达成交易,我们往往会花费比较大的成本。所以,我特别注意到,破产财产(债务人财产)很大程度上通过网络拍卖,发挥了非常好的降低成本和实现价值最大化目标的作用。

徐阳光:谢谢杨老师。破产财产网络拍卖有它的独特优势,所以,它才能够自2015年以来发展到今天得到越来越多人的认可,网络拍卖的方式、模式也在不断创新。那么下面我想有请姜天萃给我们介绍一下破产财产网络拍卖发展的模式以及现在呈现的状况。

姜天萃:特别感谢中国人民大学破产法研究中心,还有浙江省高级人民法院,正是他们在2017年4月10日到访阿里巴巴开展调研,成功推动了破产财产网络拍卖制度的发展。从历史回溯和互联网平台发展的角度来看,阿里巴巴本是一个消费品交易的互联网平台,就是在那一刻进化成为一个生产资料交易的互联网平台,因为破产企业的资产都是用来生产的,那一天应该是值得历史铭记的。当我们把破产网拍作为一个独立课题呈现出来的时候,我们发现有很多需要解决的问题,我们当时接受了中国人民大学破产法研究中心和浙江省高级人民法院的指导,发现执行网拍和破产网拍的规则不一样。

首先,执行网拍是可以"以物抵债"的,破产网拍不好做到"以物抵债"。债务人企业的债权人众多,债务人财产必须变现才能分配。所以,面对这个问题,我们推动破产网拍不限制拍卖降价次数的规则改造。其次,资产处置主体的不一样。执行网拍是民事诉讼法规定的民事强制执行行为,财产处置主体就是人民法院。破产财产拍卖则不一样。《中华人民共和国企业破产法》①第25条把债务人财产的处置权力分配给管理人。管理人作为处置主体

① 以下简称《企业破产法》。

和法院作为处置主体，到底存在什么样的差异呢？我们当时没有探讨得特别清楚。最终，我们发现管理人独立发拍跟法院独立发拍有不同的特点，但同时我们也认识到破产资产和执行财产还有不一样的特点。执行财产可以由人民法院作出裁定进行过户。根据《中华人民共和国民法典》第229条的规定，人民法院的裁定其实已经产生物权变动的法律效力，但是管理人不具备这样的职责，因此，破产资产的处置过程中，面临着没有这种依据生效法律文书发生物权变动效力的法律支持，因此，我们需要依赖"府院联动"。"府院联动"是什么？"府院联动"是营商环境。

从市场的繁荣度来看，我们切中了管理人的痛点，因为我们当时正面临浙江破产案件审理时间过长的问题，有2/3的时间是耗费在资产处置方面的，破产网拍出现后大大缓解了这种压力。浙江破产网拍成绩斐然，成交率和溢价率都得到了大大提升。但我们也发现，依然会有新问题要解决，而且全国很多地方在破产财产网络拍卖方面的实践差异较大。今天，也就是那次调研的4年以后，再回头看当时的做法，具有重要的开创意义。现在，我们有必要对破产网拍进行一次体检。我们有必要进一步梳理和总结，在管理人发拍的过程中遇到了哪些问题？感谢阳光教授又一次来帮我们发现问题，帮我们解决问题。我们希望今天的讨论能够把这些问题进行展开，能够进一步推动对破产网拍的发展。当然，推动破产网拍本身不是目的，目的是让管理人的资产处置更加顺畅，让破产案件的办理时间成本得以降低，让破产资产的价值得以最大化，使我们的破产债权回收率得以提升，我认为这才是我们今天探讨的根本目的。

徐阳光：感谢姜总给我们介绍破产财产网拍的发展和面临的新问题，也感谢姜总对我们学术机构所做的一些事情的认可，其实我们学术机构能做的努力很有限，破产财产的网拍是在实践中发展起来的，每一个具体的参与者都是贡献者。我在想，不管是什么样的网拍通道和发拍模式，最后都离不开管理人的使用，所以下面我们回到我们管理人代表这边。任一民会长在浙江省执业这么多年，业务也拓展到了全国各地，是很有影响力的管理人，做了大小不同、种类不同、规模不同的企业的破产案件，肯定也在资产处置方面有很丰富的经验和体会。请任一民会长谈谈破产财产网拍在实践中运用的情况和个人感想。

任一民:我简单谈几点我们管理人在实务操作当中的一些感受。第一,困扰我们管理人履职的最大问题是财产处置难,或者说财产处置效率不高,很多破产案件可能要拖两三年或者更长时间,绝大多数都是因为财产处置不了而导致的。这样一来,让已经受损的债权人利益在一定意义上讲受伤更严重,所以说,当网拍这样一个新鲜事物推送出来后,我们管理人的感受是最深刻的,因为确实很多案件通过传统的线下拍卖方式难以处置一些标的物,通过网拍的方式使财产处置效率大幅提高。第二,从溢价率的角度来讲,相比线下的处理方式也是有大幅的提升,这一点我们感受特别深刻。第三,通过破产网拍的一个实际推行,我们也探索了一系列规则,现在到了需要总结和提炼的时刻了。

我们传统的拍卖可能更多是聚焦在那些标准化的产品。在网拍过程中,买家更容易识别标准化产品,或者说更愿意参与竞价。但是事实上就像刚刚杨忠孝老师所讲的,破产财产的形式多样化。我们更多碰到的是很多的"非标"产品,我们是否可以用网拍的方式来处理?我觉得在最近两年的探索当中,这方面有越来越多的成熟案例积累。我们管理人特别想做的一个事情,就是希望能够把企业重整成功。在企业重整案件中,我们处理的资产跟常规的"非标"资产又有重大区别。它相当于是一个集合性的资产,很多时候重整企业的资产处置类似于股权的处置或者说营业资产的处置。其实通过网拍的方式或者说通过网络的方式来招募相应的投资人,再参与一定的竞价,对于我们企业重整的成功率应该有比较大的帮助,我觉得这可能是接下来我们可以进行深入探讨的问题。

对破产网拍的深入推行,我个人认为,我们管理人也好,法院也好,或者说"府院联动"也好,其实在破产网拍里面还可以发挥更多的作用。最明显的体现是什么呢?我们怎样把一些存在瑕疵的标的物在网拍之前,尽可能把它瑕疵进行一些消除处理,通过消除处理让网拍的效率更高。这个方面我们团队曾经做过一个小结,比较浙江省的执行拍卖和破产网拍,特别是对大宗资产比较来看,破产网拍有个很大的优势,即对于一些存在瑕疵需要消除,或者说地方政府可能要给予一些特殊政策的这种资产,我们发现,地方政府给予政策的案例占比特别高,是我们执行拍卖的几倍甚至十几倍。从这个角度来讲,地方政府给予的政策,事实上通过网拍的方式,让所有的意向买受人都能够得到公平的对待，是对买受人来讲都是一种公平，也是公开的政策对待。这种做法也有助于实现这种瑕疵资产的价值最大化。我们做了个大致的统计，对于大宗资产的处置，比方说，标的物总价值3亿元以上的财产处置，破产网拍的成交额度、成交比例和溢价幅度都是远远超过执行网拍的。

徐阳光：谢谢一民。破产财产网拍在实践中之所以发展得这么迅速，是因为有现实的需求，有它的优势所在。目前还面临这么多争议和需要解决的问题，是因为我们现在的关于破产财产网拍的相关规范、制度还不是很健全，而制度不健全的原因之一是，我们对于破产财产网拍到底是一种什么样性质的行为，还有一些争议，或者说还需要进一步论证。下面请董璐老师就破产财产网拍的性质和定位发表看法。

董璐：破产网拍从一开始就是在争议当中成长起来的一种特殊产品。执行网拍也就是我们现在所说的网络司法拍卖，它产生之初也是饱受争议的，但是通过一段时间的实践以及我国最高人民法院的推动之后，网络司法拍卖已经成为我们传统处置方式的一种替代方式。在发现执行网拍存在的优势以后，破产资产处置也积极地在吸收和借鉴这样一种优势，来创造我们破产中财产处置最大化的平台。破产网拍推行开始，它最初采取一种借用法院的执行拍卖通道进行，在采用这样一种通道的过程中产生的问题是，可能法官的工作量特别大，可能法院需要审核的内容特别多，然后这个账户的使用也会不安全，于是乎发展出了我们现在的破产网拍中独立的管理人自主发拍通道。

管理人自主发拍使效率大大提高，破产资产的成交率、溢价率也都体现出来了，这也就基本达到了破产网拍想借鉴网络司法拍卖优势的这样一种目的。然而，在实践当中，破产网拍的问题也随着它的成长不断浮现，一个比较明显的倾向，就是在管理人自主发拍的时候，所有的公告上面都会载明类似这样的一句话，叫作管理人不对产品的瑕疵承担瑕疵担保责任，如果买受人想要看样一定要实地查看，并且管理人会像法院的执行网拍一样，在公告中对这样的一种免责条款进行加黑加粗，有的管理人甚至还要用标红再加下划线的方式提醒所有的买受人注意这一点。这样一种表述方式和我们网络司法拍卖的方式相似，容易让大家产生这样一种感觉，即我们管理人处置的发拍是不是和法院主持的发拍是一样的性质？我拿到这样的一个拍品，是否意味着有司法强制力的保护?是否在过户的时候能够获得法院的执行裁定?

我们还发现,在管理人的这种公告当中,同时也会披露这样一个信息,不承担瑕疵担保责任,法院也不会出具相应的协执或者相应的裁定书。这一特点又会和我们网络司法拍卖产生根本性的区别。我们破产网拍旨在实现资产价值最大化,也是为了提高债权人整体的受偿比例。如果买受人不能够顺利得到这一件拍品,不能够顺利过户,很明显与我们将来想要得到的价值最大化的结果是相悖的。所以我们在实践当中还需要考虑一下,如何解决在管理人自主发拍的平台之下,能够实现对这个资产权利的保护,调动更多买受人、投资人关注我们的破产网拍,能够让他们更好地获得权益上的保护,促进我们资产价值的最大化,这可能是我们今后在实践当中需要考虑的一个问题。

如何从根本上解决这个问题?我想可能是一个规则设计和构建的问题。整个破产网拍从 2017 年开始,逐渐从我们的浙江省发展到全国各地,但至今为止都还没有看到全国统一的破产网拍规则,只有一些地方法院制定的规则。北京破产法庭、重庆破产法庭等都出台过这样的规则,我们从中能够看到法院进行监督或者指导的踪迹,也能看到管理人遵循债权人会议决议进行发拍的迹象。到底如何厘清管理人、债权人会议以及法院在破产网拍中的关系?可能还需要我们上层的规则设计,需要最高人民法院,或者平台和机构共同为统一的破产网拍规则在宏观设计方面出谋划策,尽早颁布统一的规则,以促进市场的健康发展,以促进整个财产价值最大化目标的最终实现。

徐阳光:谢谢董璐老师。破产财产网络拍卖的规范化构建非常重要,规范化构建需要回应来自现实中的问题。现实中的问题有哪些?我想只有在现实中运用网拍来做具体工作的专业人士他们的体会最为深刻。请网拍平台代表姜天萃再给我们简要地梳理一下现在破产网拍面临的问题,介绍一下破产财产网拍在全国发展的地区差异情况。

姜天萃:第一,管理人把责任过分地交给了投资人,而这主要源于管理人对履职风险的担忧。我一直认为,管理人所作的风险提示都是清单式以及格式化的,不区分这个资产到底是不是真的有这些瑕疵,反正我都写上去了,我作为管理人的责任就没有了。他们首先考虑到的是自己的风险规避问题,而不是这个资产能否卖掉的问题,当我做过度披露的时候,那么投资人就会望而却步。我们也采访过一些投资人,投资人说,“我真的很想要,但是一看到税费我负责任,费用我负责任,风险我负责任,运输我负责任,然后想了想算了,太麻烦了,最后就不出手了"。当投资人被这些过度风险提示"吓倒"以后,损失是谁来承担呢?受损失的还是债权人,当然还有管理人。管理人在处置的不是自己的资产,最后的债权分配也主要是债权人之间的分配,其实他很有可能第一时间考虑就是安全问题,而不是最大化目标。怎么来解决管理人的履职风险问题呢?

第二,税费负担的问题。关于买卖双方各自负担税费的问题,我们平台做了很多推动工作,我们到税务局、不动产登记中心、法院都拜访过,想通过我们平台的互联网产品解决好税负透明的问题,让我们投资人可以在想要购买的时候就知道要承担多少税费。因为我们已经意识到,投资人在投资的时候有两个"刚需":一是可预期——到底要花多少钱;二是安全——交款之后能否拿到权属证明。实践中,税费的问题就是成了打破这两个"刚需"的"隐形炸弹",因为如果所有税费都由买方付的话,就意味着有很多不能够确定的税费。

我有个律师朋友,他代理的投资人购买了一块土地,大概是 2 亿元的价款,买好了很开心,等到交税的时候发现要交 1 亿元的税,他们就疯了。那么税负的问题怎么解决?我们拜访了税务局,税务局讲在这个成交之前他们都无法测算税费,因为买受人的身份及其不动产的持有状况,都会影响到最终的税费结果,因此很难有人在税前知道所有的税费。对于这件事情,我们跟浙江省高级人民法院汇报的时候,认为最好的方式就是买卖双方各付,买方承担的主要是印花税和契税,两个税都是从价税,他完全可以在出价的时候就大概能够预测到最后要交的税费。目前,浙江省高级人民法院在司法拍卖的时候是要求买卖双方各自负担税费的,这样的一个硬性要求其实对投资人有一个很大的鼓励。

我们注意到浙江省高级人民法院和浙江省政府曾经有一个联席会议纪要,包括税务总局,都在推动买卖双方各自负担税费。2020 年 9 月,国家税务总局在《对十三届全国人大三次会议第 8471 号建议的答复》中,就不动产司法拍卖税费承担问题给出了明确的态度:拍卖不动产的税费按照规定由"买卖双方各自负担"是一种较为合理的做法,可以提升拍卖实效,更好地维护各方当事人合法权益,严格禁止在拍卖公告中要求买受人概括承担全部税费。

但后来最高人民法院在一些文件和个案中指出:破产财产拍卖并非司法强制拍卖,不适用最高人民法院《关于人民法院网络司法拍卖若干问题的规定》;税法对于税种、税率、税额的规定是强制的,而对于实际由谁缴纳税款没有作出强制性或禁止性规定。因此,破产财产拍卖中约定"标的物过户所涉及的一切税费由买受人承担"的条款具备法律效力,对竞买人具有约束力。这个问题又变得复杂了。

第三,关于网拍规则是否可以约定的问题。在执行网拍中出现过这样的案例,一份资产拍卖,出价前三名分别报出1.6927亿元、1.6917亿元、6267.19万元,按照一般拍卖规则,均应由价高者得。不过令人意外的是,最终,出价最低的6267.19万元的竞买人获得了这份资产。原来,法院在拍卖前修改了拍卖规则,在该规则下,由于出价在前的两位竞买人先后都出现了"悔拍",于是导致出价第三名的竞买人顺利"拣"到了这份资产。因为价格相差1亿多元,资产原先的所有者无法接受这个拍卖,对拍卖规则提出疑问,引发法学界众多大咖级专家讨论,并形成两派截然不同的意见。一方认为,司法解释规定了统一的拍卖成交规则,若拍定人"悔拍",应该重新拍卖。例如,曾经在徐阳光老师策划的"破产法文库"中出版过《中国网络司法拍卖发展报告》的作者,也就是中国人民大学教授肖建国老师认为,基层法院一旦修改了司法拍卖的竞拍规则,意味着每家法院的拍卖规则都可能会不同,竞买人必须要认真阅读每家法院的公告,将大大提高交易成本。而且法院在拍出价最高者和次高者"悔拍"后,确认与第三出价高者成交,事实上为不同竞买人设定了不同的竞买条件,这是法律严格禁止的。另一方认为,法院有权依法制作、发布网络司法拍卖的竞价规则,这种做法并不违反现行法律法规及司法解释的规定,竞拍结果合法有效。该拍卖结果有效还是必须重新拍卖?基层法院修订拍卖成交规则的行为是否合理?规则修订后是否会有漏洞?又将进行哪些修改?在破产网拍中,我们还遇到了管理人约定网拍规则的情况,例如,如果你的出价没有达到5000万元,尽管你的最高,仍然不能成交。那么网拍规则是否可以约定,这就涉及刚才董璐老师讲的,破产网拍的规则是公法属性能够约定的,还是私法属性不能约定的问题。

徐阳光:谢谢姜总。刚刚姜总说管理人在这个网拍过程中做过度披露,总是希望把责任或者后果都交给投资人来承担,同时还说到了税费承担、规则约定的问题。我们一民作为管理人的代表，对这些问题有没有想补充的？

任一民：我简单回应一下。第一个问题应该说是客观存在的，因为管理人接手的资产可能是非常复杂、非常多样的，他不可能或者难以做到对每一样资产都能够深入了解调查清楚到底存在哪些瑕疵，所以，管理人为了规避风险，就难免会作出一些这方面的格式条款。当然，这样的格式条款确实有可能是对我们追求的破产价值最大化带来一定的影响。我觉得还是需要市场一段时间的检验，现在让管理人说所有的瑕疵都自己来承担，可能也吃不消。确实会面临这个问题，所以需要通过未来的实践发展寻找一个平衡点。我初步的建议是：对某些明显的瑕疵，我们说哪些是必须要披露出来的，可能这方面的规则要渐渐把它明晰出来；哪些属于可能是内在的一些瑕疵，不通过一定的程序发现不了的，那么这个可能要通过专业化的方式或者买家自负的方式来解决。

关于姜总提到的第二个问题，就是税费负担的问题，确实就是因为税法的复杂性，特别是出卖人他自身的持有这个交易标的物的状况，之前可能存在的一个隐性的税务成本，如果说我们还是采取以往比较简单的全部都由买受人承担的这个方式，我们觉得确实很不合适了。从目前我所了解的情况来看，浙江省的绝大多数破产网拍案件，应该都已经采取了依法承担的做法，也就是买卖双方各自负担税费，这样事实上也有利于破产价值最大化和破产资产的快速处理。

关于第三个问题，也就是网拍规则是否可以约定的问题。我们从实务处理角度来讲，更倾向于应该需要有一个意思自治的空间，因为不同的破产财产到底采取什么样的方式来处理，其实债权人可能有他的想法。我们说，在破产程序中，债权人会议提出的一些要求，管理人应该去执行，如果我们采取一种事先就锁定好的只能这样不能那样的规则，其实对于我们破产财产价值最大化来说应该是不利的。但是，如果作出一些特别的要求或者限制，我们在网拍的时候可能要把这规则要特别明示出来。这个规则的设计可能会面临的一些不利后果，我觉得可能要事先想清楚。从目前来看，姜总提到的两个案例，特别是第一个案例，虽然可能当时是法院的一种决策，但有可能管理人也会出现这种想法，但确实这样的想法在实操当中可能就会面临很大的争议。客观上讲，在网拍成本已经非常低的情况下，主要就是一个时间成本的问题,就这个竞买谁是最终的买家角度而言,我们其实不太建议做过多的创新约定。但是,在网拍的启动难或者说持续不成交的时候,我们是不是一而再再而三地不受限制地一直打折下去进行拍卖?这些方面我觉得有很多是可以探索或者要提交债权人会议去讨论的事情。

徐阳光:谢谢一民。通过前面的讨论,我们对破产财产的网拍已经有了一个比较全面的了解,对现实中的问题也做了一个梳理。我认为,破产程序中的具体问题的处理,要综合平衡各方面的利益来作出妥善的制度设计。杨忠孝老师是国内最早一批研究破产法的学者,很早就出版了关于破产法的利益平衡的专著的,所以我想请杨老师从学者的角度,对我们破产财产网拍现实中的一些问题,或者说破产财产网拍的规范化发展方面提一些希望和建议。

杨忠孝:谢谢阳光。关于破产企业的财产处理,从目前或者未来发展来讲,无论是市场本身的培育还是制度工具的完善,我个人理解还是有比较大的发展空间的。对此,我发表几点不成熟的看法。

第一,网络拍卖本身的制度供给不足以及破产企业财产的多元化样态之间的紧张关系问题。因为我们在市场经济发展当中,随着这个市场的深度和广度的不断拓展,跟与此相关的破产企业资产处理的制度供给,恐怕也变得更为迫切。除我们传统意义上可能在破产资产处理时考虑清算角度比较多之外,在未来可能需要对重整的因素考虑更多的情况下,更要把这个资产当作重组资产进行考虑,比如,原来资产的形态相对来讲还比较单一,以后将会变得越来越多。那么,对网络拍卖处理相关资产的制度供给需求就会更加强烈。因此,网络拍卖破产财产的制度供给,这是一个基本前提。

第二,基本原则的坚守与管理人主动性的结合问题。按照我个人对破产法的理解来讲,债务人的财产或者破产财产,最后的利益属于各方,因此,管理人在管理这个财产过程中,依然要坚守原有的一些基本规则,这个私人财产利益的相关利益主体都应当有权对资产的处理问题表达他们的意愿,所以关于资产处理的方案还是要依赖于债权人会议,由他们表达他们的意愿来进行相应安排。在此基础上最大限度地发挥管理人处理资产的主动性和积极性,这是我想说的第二个问题。

第三,未来对于我们传统意义上破产资产处置可以做一定整理。有时破产资产实际上是按原状进行处理的,就财产原样进行处理,无论是网络拍卖或者其他方法的拍卖。但现实生活中发现债务人的财产形态太过多样，怎么发现它的价值多元化？有时可能做一定的处理或者说一定的整理比较好，有时可能是从其商业属性上或者资产的使用价值角度来进行考虑的，因为站在重组资产来考虑，重点是发现资产的经营价值，我觉得这个地方应该有非常大的发展空间。

第四，未来网拍市场的建构要注意一般市场与特殊市场的关系。目前在一般的市场建构方面已有相应的安排，比如管理人独立发拍通道的建设，已经有了非常大的进步。但对于资产本身可能存在的多元性来讲，破产资产拍卖过程中，也要建构一般市场和特殊市场，有的市场可能是 B2C 的市场，有的市场可能是 B2B 的市场，对于不同类别的资产进行类型化的处理，设立各种各样的不同资产处理的专场，从而最大限度地为市场提供足够的破产资产处理信息，进而能够吸引更多对相关资产有信心、有能力的投资者参与到这个投资中，这时候市场可能才是比较有效的，也是真正是能够保证这个市场向前发展。

第五，进一步推进破产财产网拍的制度供给。网络拍卖在以往的改革探索经验当中，已经取得了非常好的成效，无论从资产处理的时间、资产处理的成本，或者资产处理的回收率来讲，都取得了积极效应，所以，在营商环境改善当中关于办理破产指标，我觉得财产网拍发挥了非常积极的作用。站在这个角度讲，未来我们的任务应当是尽可能地为债务人企业的财产（清算财产或者重组财产）提供一个更有效的市场，这才是我们通过网络拍卖制度来推动破产法实施和提供制度供给的一个根本指导思想。

徐阳光：谢谢杨老师，说得特别好。破产财产的网拍属于跟破产成本密切相关的一个环节，它在时间上和金钱上节约的成本，以及它在价值最大化过程中创造出来的价值或者挖掘出来的价值，是直接影响到我们办理破产指标中的回收率提升，所以破产财产网拍和营商环境的优化建设密切相关。

刚才杨老师提出了具体的建议，我有两点感想。第一点就是，破产财产网拍是资产处置的一个方式，它要跟其他方式结合起来，可以发挥更大的作用。“拍”只是一个环节，在“拍”之前你还可以做一些事情，让后面的竞拍效果更好。第二点就是，资产的种类性质具有多样性，在一些成熟的拍品网拍的过程中，可能它的这个市场已经非常成熟了，溢价率也非常高，取得很好的效果,但是对于一些特殊类型的资产或者叫“非标”资产,可能还有待相关市场的培育,这一点可能对我们今后的发展具有重要的启发意义。我们在坚持发展好现在的网拍市场的基础上,可能还要通过有意识地培育特殊资产的拍卖市场,然后将这个特殊资产市场和网络化、规范化结合起来,才能取得更好的效果。下面请董璐老师对破产网拍的规范化发展提一些具体的建议。

董璐:今天大家讨论的很多话题聚焦在一起。我还是比较倾向把破产网拍放在一个规则设计层面,在规则设计的大框架下来考虑问题。刚才不管说到的是管理人规避责任的这样一个约定也好,法院和管理人在设定规则的时候进行一种特殊的约定也好,还是税费负担的这样一种在公告当中披露税费全部转嫁给投资人的一些约定也好,它本质上其实就是在我们既有框架之下,全国统一规则缺失之下所导致的必然结果。

既然我们的破产网拍和传统的执行网拍相比,本身就具有一定的制度上的特殊性,我们在实践当中已经发现了这种特殊性,已经对破产网拍方面做了一些变通,比如说上架次数不受限制,这个降价的幅度、起拍价格等需要债权人会议作出决议等,这一系列的规则已经在全国范围内通过不成文的形式变成一种既定的事实,大家都已经很好地遵守了。那我们下一步可以考虑通过分析研究,梳理出一些必须硬性规定的内容,一些作弹性规定的内容和一些允许债权人会议自治的内容,允许管理人在实施财产处置和变价的过程当中进行特殊的调整,做到松与紧、内与外的规则结合,从而形成具有特色的破产网拍规则,以让我们的破产网拍和执行网拍,同时成为我们网络司法拍卖的“一体两翼”,更好地服务于社会主义市场经济的健康发展。

徐阳光:谢谢董璐老师。请赛琼法官谈谈对我们制度建设的意见和建议。

黄赛琼:我的建议可能更加现实一点,因为我们在破产案件办理过程当中可能存在一些很现实的问题,我们亟须解决的一些问题,主要是三个方面:

第一个方面主要是针对在线评估的财产范围问题。因为我们现在发现,基本上在线评估的范围包括商品房、车辆,对于一些知识产权、林权,一些非标准化的商品和资产的话,还是没有打开这个评估的通道。像我们遇到的一个破产案子,一个企业只有一个商标是可以用的,如果我们再去委托评估机构,那它可能本身就已经无产可破了,却还要再产生一笔评估费,这个是非常没有必要的。如果说能够在线评估,能够扩大这个在线评估的适用范围,可能更有利于提高破产资产处置的效率。

第二个方面是能不能扩大破产资产的推介功能适用范围。现在一些大件资产的挂拍,比如说卖一架飞机或者卖一艘轮船,可能推荐的力度非常大,但是对于一些小宗的资产推介力度很小。能否在我们管理人一挂拍上去,就直接可以向目标受众推介,因为这是可以通过筛选确定的,用大数据筛选的方式就直接推给潜在的买受人。我们最近有个案子,拖了2年的时间,主要财产是一宗林权,是富阳一个村里的林权,起拍价是500万元,网拍过程中降价降了十几、二十次,最后70万元成交。可能有些人是愿意买这个资产的,但是他不了解,所以就导致我们这个受众范围很小。

第三个方面是对于重整企业网上竞价的规则能否标准化和规范化。我们前段时间有个案子,就是因为我们线下重整竞价的话,可能很容易导致串标这种情况发生,所以我们想要看看线上,因为线上也有很多尝试,任律师他们办理的庄吉集团重整案件也是通过线上来操作的。然后我们上网搜了一下,它这个竞价的标的非常不统一,有的是某某公司股权的拍卖,有的是某某公司某某股东股权的拍卖,我们确定为对于这个重整投资人资格的竞价,最后这个案子也完成得比较好,效率也比较高。总之,就是希望能够把这个重整的竞价,包括这个招募确定投资人,能够有一个完整的设计或者说是更加趋于标准化和规范化。

徐阳光:我们已经尽可能地讨论了很多的问题,但非常抱歉,仍然有很多问题无法展开了,因为时间总是短暂的,而现实中的问题总是层出不穷。刚才赛琼法官提到的网拍中评估机构的作用,什么时候应该有评估,什么时候可以没有评估,评估该怎么做,还有就是作为拍品的这个标的物的表述的规范化问题,怎样把这个市场做大的问题,怎样通过网拍或者网拍辅助机构的文案推广,还有技术手段的针对性的推广,来让我们更多的市场主体关注到上架拍品,等等,这些问题都很好,但难以充分展开了。

我一直强调,拍卖市场应该是要按照市场的逻辑来运作,否则就不叫市场,但是光是按照市场的逻辑运作并不一定就是市场化,因为市场化一定要建立在市场的基础上。我经常说的一句话就是:“凡是不以市场为基础的市场化都是伪市场化,甚至是反市场化。”规则可能是按照市场的逻辑设计的,但是如果没有市场做依托和支撑,它也仍然无法实现市场化的效果。就像刚才杨忠孝老师提到的特殊资产的拍卖,一个很重要的前提就是相关市场的培育,有了一个相对成熟的市场,然后再结合网拍的方式,就可以取得更好的效果。当然,还有很多网拍的问题是需要我们继续关注和研究,比如,网拍它到底该怎么样来从根本上切断这种利益关联,杜绝人情因素的影响。此外,还有一个很重要的问题,我们今天没有涉及,但是我想在我们这次第二届 MAX 价值云峰会的全程直播过程中,大家可以感觉得到的,就是我一直特别关注的网拍平台市场的有序竞争和良性发展问题。

另外一个问题是,网拍机构怎样在公益使命和商业考量之间进行平衡,或许我们也可以运用杨老师的利益平衡理论来考虑。我们现在从事的事业是破产法治事业,这是一个需要有情怀有担当的事业,如果说单纯的商业考量,不一定能够很好地推动这个事业的健康发展,但是如果不考虑成本因素,我想也很难做到可持续发展,所以这个中间一定要有一个认真的思考和谨慎的判断,最终需要在人们今后的制度设计方面提供指导规则。

我们今天通过这样一个短暂但轻松愉快的交流,已经提出了很多问题,也回顾了我们的网拍实践,并在理论层面和实践层面,从宏观和微观方面,对这些问题的解决提出了一些建议,也表达了我们对这个制度发展的美好的愿望。但是我想还有很多问题没有呈现出来,也欢迎收看节目的观众朋友,无论你是从事破产审判的法官,是从事管理人工作的律师、会计师、清算公司的成员,还是投资公司,如果你们关于破产财产网拍遇到一些我们没讨论到的问题,欢迎你们关注我们中国破产法论坛、阳光破产法课堂的微信公众号,你点开每一篇文章,文末都有我们的联系邮箱,欢迎大家把意见发送到我们邮箱,我们今后再用多种方式来回应和讨论。

我们这一期的活动要结束了,感谢各位嘉宾的参与,感谢大家的收看,也感谢大家对第二届 MAX 价值云峰会全程直播的支持,谢谢大家。

对话交流：破产网拍数字化助力破产法的市场化法治化

徐阳光[*]　陈慧明[**]

按语：2021年8月18～20日，第二届MAX价值云峰会在云端开播，由中国人民大学破产法研究中心、北京市破产法学会、浙江省法学会破产法学研究会共同主办，浙江省破产管理人协会承办，旨在助力营商环境优化，畅通国内大循环，促进破产案件办理信息化升级。本届云峰会由徐阳光教授担任总策划和总导演，视频访谈涵盖全国30多个城市170多位行业代表的精彩分享，视频播放总时长约13个小时，分3天播放，按照三大篇章行进：现实篇主题为"'办理破产'数字化创新与价值最大化探讨"；探索篇主题为"个人破产探索+(预)重整实践+房企破产案例分享"；未来篇主题为"破产审判数字化与营商环境法治化之路"。本届云峰会通过新浪微博、百度直播、网易新闻等多平台直播，全网2000万+的观看人次，突破时空限制，给法学界带来了一场精神盛宴。本文为云峰会特别节目之徐阳光教授对话阿里拍卖事业部陈慧明(水阔)的全程文字实录，特此说明并致谢。

陈慧明：徐老师，您好，好久不见，欢迎来到阿里巴巴。

徐阳光：谢谢，好久不见。我们第二届MAX价值云峰会是由中国人民大学破产法研究中心，北京市破产法学会，以及浙江省法学会破产法学研究会

---

* 中国人民大学法学院教授，博士研究生导师，中国人民大学破产法研究中心副主任兼秘书长，北京市破产法学会会长。

** 阿里巴巴资产事业部副总经理。

共同主办。在我们会议的主办过程中,也得到了您这边大力提供的技术支持。可以说,阿里拍卖应该是网拍平台的领跑者,在破产财产的网拍和资产价值最大化方面作出了突出的贡献。

在我记忆中,2013 年,我们在浙江省温州市首先进行司法拍卖网拍试点,后来从温州市到浙江全省再拓展到全国。从 2015 年起,我们也开始尝试破产财产网拍,但是当时是使用执行财产网拍的通道,也遇到了一些问题。2017 年 4 月 10 日,我同浙江省高级人民法院的章恒筑庭长一起到你们这边调研,您给我们介绍了破产财产拍卖的现状,当时我们就有一个共识,是不是可以将破产财产的拍卖从执行拍卖的系统中独立出来。调研后没过多久,您这边就开始尝试为破产财产拍卖建立独立的通道。现在看来,全国很多地方都已经认可了这种模式,非常好地推动了我们破产财产拍卖和价值最大化目标的实现。在当下这个时间点,我们再来回顾当初所作的尝试,您认为破产财产网拍有何现实意义?

陈慧明:好的。非常感谢阳光教授,咱们是 4 年一别,再次见面,能感觉到您精神很好,状态也不错。我认为,在中国人民大学对我们事业的支持下,破产财产交易取得了很大的发展,也非常感谢中国人民大学破产法研究中心包括阳光教授对我们的关注,这些关注也让我们能够在发展过程中不断总结,不断前进。

从财产处置的具体工作层面来说,自 2017 年开始恢复破产管理人作为发拍主体以来,我们觉得效果还是非常明显的。首先,此举真正还原了破产财产处置主体的地位,因为破产管理人本身是破产财产处置的主体,而通过执行法院系统来拍卖则存在主体错误的问题。其次,破产管理人财产处置主体地位的重新恢复,对处置效率提升产生了非常明显的作用,因为法院的法官大部分时间还是要做与审判相关的事情,而财产处置本来就是个难题,如执行财产中的司法辅助等。那么,由破产管理人作为发拍主体,在某种意义上起到了自己从事拍卖辅助工作的作用,从而使财产处置的效率大幅提升,我觉得这两个是从具体工作的层面来讲。

从恢复破产管理人独立发拍地位,以及破产管理人通过网络发拍财产来说,我们看到很多对社会而言非常有意义的事情。第一,财产处置交易的阳光透明弘扬了社会的公平正义理念。破产财产往往涉及的面比较广,金额也比较大,它能否通过一种公开透明的方式交易,其实影响社会舆论,包括社会公众的一些利益。所以,我觉得通过网络拍卖,能很好地将公开透明的作用发挥到最大。而且,对于社会重大事件中重大资产的处置来说,公开透明是十分重要的交易基础。第二,破产财产处置其实与各地营商环境息息相关,一个地方营商环境越好,破产财产交易也就越好。反过来说,破产财产通过网络交易进行,也为各地营商环境优化提供新的参考,或者说提供一些新的建议。从以上两点来看,破产网拍在某种意义上超越了网拍本身,形成对社会有价值的推动。第三,促进了社会资源的优化配置。我们经常发现有些破产财产通过网拍之后卖得很好,我们也跟踪过一些破产财产拍卖之后的情况,这些财产反而焕发了"第二春",所以我觉得破产网拍对整个社会资源配置来说也是一个有意义的事情。

其实,我们在做资产交易的过程中就会发现,没有不好的资产,只有放得不对的地方。以此来看,破产网拍对盘活社会资源,提升社会运行效率,起到了一定的推动作用。以上就是这四年来我自己观察和总结的一些情况。

徐阳光:谢谢。我们至少可以有这样一个判断,即把破产财产的拍卖从执行财产拍卖中分离出来,建立独立的通道,并且按照不同于执行财产拍卖的方式运作,应该是一条正确的道路。而且,通过这几年的破产财产拍卖也可以看出,破产财产的网拍可以更好地实现资产价值的最大化,更好地实现债权人利益的最大化,也可以更好地发挥破产制度的直接作用和间接的社会影响,也是为我们的营商环境优化做贡献。所以,我想我们这个方向应该是对的。四年过去了,那么在这四年间,咱们这边还有哪些新的做法,或者说在未来几年或者更长的时间内,咱们的网拍平台有一些什么样的规划,请您给我们介绍一下。

陈慧明:好的。在这 4 年间,我们还是做了很多事情。第一,我们从最开始的破产管理人直接发拍,到后来我们不断优化资产和投资人之间的匹配关系,比如我们做了一些精准获客,这是因为很多大宗资产交易的买家往往是一些特定相关人。举例来说,如果一个鞋厂破产了,那么真正来买这个鞋厂的破产财产的往往是另外一个鞋厂。在这些领域里,我们充分利用阿里巴巴自身的数据积累和我们的算法优势,让两者之间匹配效益变得更高,让财产的价格发现变得更强,这是我们的一项最基础的工作。第二,我们也在尝试一些新的财产展示形式和推荐形式,比如将直播这种新型的传播方式也运用到破产财产处置中,也为买卖双方之间更好匹配做一些工作。

当然最重要的是,我们不仅仅从事交易本身,而且我们还要往交易前和交易后去延伸。往交易前延伸,是指我们近几年做的SAAS破产管理人系统,这个系统为债权人会议到审判再到破产财产上拍提供了整套体系,因为我们最后发现,国内的破产案件一般都要2年甚至更长的时间才能够把流程走完。我们在与浙江省高级人民法院交流的时候,也发现已经处理的破产案件相比于没有处理的案件来说只是很小的一部分。我记得鞠庭长跟我们讲,没处理的案件可能是处理的10倍,那实际上为什么没处理的会很多呢?可能就是因为处置效率不够高,所以我们希望我们的以SAAS形式组织的破产管理人信息化系统,能够帮助提升破产管理的前置环节的效率,进而大幅提升破产处置效率。

往交易后延伸,是指破产财产成交以后,一些大宗资产是要配资的,现在我们也在引进配资功能,寻找愿意为大宗资产提供融资服务的机构来提供融资服务,帮助买家买得更容易,在资产整合过程中更便利。另外,在重整过程中,我们也在引进一些服务商为重整提供一些线下服务。可以说,我们不仅在交易中做了很多事情,在交易前和交易后也做了一些延伸。以上就是我们这些年做的一些工作。

未来,我觉得还是有很多事情可以做的。破产不仅仅只有清算程序,而破产重整对我们来讲或者说对社会来讲是更有意义的事情。给予企业重整的机会,它可能焕发新的能量,也更有利于债权人利益的保护。所以我们近期会推出破产重整系统,在重整投资人招募上做一些尝试。这是未来我们要做的一件事情。

那么,我们还要做一些什么事情呢?我们始终相信破产财产处置并非一项不可攻破的难题,我们把自己概括为一个工具加一个媒体。一个工具是什么?是网拍工具。一个媒体是什么呢?是说我们尽最大可能让更多人知道拍卖的信息而已,但这仅仅只是破产网拍的开始,慢慢地,我们要把它变成一个撮合平台,双方之间不仅仅是个工具,不仅仅是个媒体,而是要把各个撮合的环节都做到数字化上来。例如,在重整投资人招募上,目前我们只是通过阿里站内的一些数据,但实际上我们可以在阿里之外寻找一些数据。举个例子，一个加油站破产了，实际上最有可能买加油站的还是当地的加油站体系，那么我们怎么通过一套线下体系组织起来，把相应的人找过来，这个是我们下一步要去做的事情。我们希望在投资人招募、破产审判等方面实现全链路的数字化，提升处置效率，然后我们精准度也会变得更高，所以基本上来讲我们会围绕这两个方面来做，就是把破产财产处置的种类变得更丰富，然后把破产财产的信息化程度变得更高。

徐阳光：好的，我还有一些细节问题想再给您讨论一下。有人说网拍平台在面对一些大宗拍品的时候，会花很多时间去做前期的包装推广，但是面对大众化的商品时，推广的力度就不大。那么，你们有没有想过如何应对这种情况呢？这可能也涉及成本的问题，对吧？

陈慧明：对于这个问题，我们理解的逻辑是这样的，大的拍品本身预展时间要长，因为购买的决策时间会更长，所以我们的推广周期会长一点。从推广的力度来讲，这个实际上是和我们客户的一些需求有关系。就客户而言，可能在卖大资产的时候，他更愿意跟我们沟通，然后希望我们再加大力度推一推。从目前看来，大宗资产往往涉及社会民生，也可能涉及就业以及当地政府的经济发展要求，所以从社会责任的角度来说，我们愿意化解重大风险，帮助一些重要资产能更好地处置。

关于小商品推广力度不够，其中也对应两个问题。第一个问题是，小的商品其实购买角色很容易，不需要让太多人看到，就可以作出购买的决定。第二个问题是，小的商品往往很多是标准品，比如说，他卖的这个酒不是一瓶，而是一批一样的标准化的酒。对于这样的标准化商品，未必有必要赋予更多的流量。而且在某种意义上讲，其资产可能跟拍卖关联度不高，拍卖往往是独一无二的，比如很少有人会选择用拍卖方式来购买一台苹果手机，而往往是一口价直接买入

但是，在本质上，我认为这是一个对流量分发的理解问题。就长期来讲，我们需要在流量分发中做到精准，而不是说这个重一点、那个轻一点，不然这肯定还是工作做得不到位。所以，我们正在不断优化所谓的“千人千面”，基于数据来分发的优势，就是如果说这个大的资产，其实有时候给一个想买电视的人看一个土地是没有用的，所以我们下一步的核心就是一定要把流量精准化做到足够好。比如说买电视的人，我也不是一定要一万人看才会卖得很

好,其实我可能只要找到更合适的人来买就好了,我觉得本质来讲是流量分发是否精准,这个是我们下一步要去做的一个事情。

徐阳光:我还有一个具体的问题,就是您怎么看待评估在我们破产财产网拍过程中的作用呢?我有一个不太成熟的观点,先抛出来,就是经常会有一些宣传,比方说这个标的拍得很好,往往是指溢价率很高,而溢价率是根据什么算出来的呢?是根据它的起拍价和最后的成交价,从目前看来,起拍价往往是通过评估确定的。以评估确定起拍价,溢价率达到300%、500%、600%,我总感觉这些评估不太靠谱,所以评估在我们的拍卖过程中到底起何种作用,它是不是一种制造更高溢价率的技术?当然这不是有意制造,但事实上却导致了这样一种结果。

陈慧明:这是个非常好的问题,因为评估和拍卖是息息相关的两个事情,拍卖是定价的一个工具,评估其实也是定价的一种工具,就评估和拍卖的关联,我认为可以从以下两个方面来理解。

第一,有些评估是必需的,而有些评估在未来互联网拍卖足够发达之后就不太必需了。比如说房子和车子,目前,就这两个类目而言,在最高人民法院系统中以网络询价的方式确定价格。网络询价意味着这两个类别的标的不需要再走原来的传统评估模式,而是直接把标的物引进后,平台自动为我们生成数据评估价。换言之,根据过去成交的数据以及我们采买的社会化数据,自然生成一个价格。那这个价格出来之后,最高人民法院就在基础上打7折,一拍就开始了,所以这里面衍生的一个核心是什么?就一些标准化程度相对较高的实物资产而言,不太需要传统的评估模式,因为它有大量数据积累,完全可以通过大数据来确定价格,甚至像我们前段时间和浙江省高级人民法院进行的刑事财产拍卖中,针对一些房子、车子等实物资产,我们都是一元起拍,就是无底价拍,然后事实证明无底价拍没有产生令债权人不满的情况,甚至可能会比原来我们按评估价拍的效果要好。总之,在网络拍卖发展到一定程度后,我们有必要重新看待传统的评估拍卖模式。过去为什么要评估?是因为市场对价格发现不充分,所以才需要专业的人来做一个价格评估。当市场对价格的发现足够充分的时候,其实评估就失去意义了。那什么东西能够使市场价格发现足够充分呢?重要的条件就是平台的流量足够大,大到如果这个地方卖不到这个价,那其他地方也卖不到这个价,那自然它就会具备了这种市场定价或者说是拍卖定价的前置条件。

第二,不是所有的财产都能定价。即使说“万物定价”没有问题,但是就“万物”进行相对比较准的定价还是有难度的。举个例子,对于非上市公司股权而言,由于没有一个公允定价,又没有引进过投资人,那么股权价格对每个人来说是不一样的,对它的竞争对手可能值钱,对它的股东可能值钱,但对其他人就不值钱。那这类资产我觉得传统评估可能还是有价值的,但是对于每个人来讲,如果说我看到公允定价都有一个大概标准的,其实我觉得慢慢就会变成一个由互联网来定价的这样一个东西。

评估和网络拍卖之间未来的关联是什么?我们希望把更多通过充分展示和交易可以发现公允价值的东西,慢慢通过数据的方式进行评估和参考。就像芝麻信用反映了一个人的信用等级一样,在未来,我们通过网络拍卖的数据积累,形成绝大多数实物资产和有公允价值的商品的价格参照,反过来讲,对整个评估行业的效益起到推动作用。

徐阳光:看上去我们破产财产的网拍这么多年来取得了很大的成绩,也很红火,甚至有很多法院已经出台了破产财产网拍的规范指引,即便没有出台专门规范指引,很多法院都是要求优先采用网络拍卖来处置破产财产。但是从评估的角度来看,我们的网拍市场还是有待培育,就是标准化产品的拍卖市场还有待进一步扩大,包括国际化的发展,非标准化的产品可能还要需要去培育特定购买人市场。

比如股权,可能只有在这个行业内,从事生产经营的这些竞争者或者是合作伙伴,他才会对这个股权产生兴趣,这个时候可能就需要有意识地培育这样一个相关市场。就像您刚才说的,因为市场的流量还不够大,所以现在还需要由评估来确定起拍价。最高人民法院《关于人民法院确定财产处置参考价若干问题的规定》第 2 条规定:“人民法院确定财产处置参考价,可以采取当事人议价、定向询价、网络询价、委托评估等方式。”在这里,委托评估是最后一种选择方式。但是你看他的前提条件还是要有一个价。期待着我们什么时候能够做到更多的零元起拍。

最后,跟您探讨一个很敏感的问题。破产财产拍卖最初与执行财产拍卖一样,是完全不收费的,是以公益使命的承担者这样的角色参与到这个活动中的。但是这么多年实践下来,我觉得破产财产的拍卖有很多要去实现的目标,第一要去建立更大的市场,第二要切断利益关联,第三要拒绝人情因素。那么,在这样的一个要求下,参与到网拍过程中的各类机构、角色,实际上也是有投入、有付出,所以可能也会面对成本的考量、商业化的考量,我们怎样看待近几年破产财产网拍虽然以很低的标准但是在收取一定的费用作为成本的补偿这件事呢?这是基于怎样的考虑,未来又会是怎样的发展方向呢?

陈慧明:关于第一个问题,我认为,在公益和商业之间,我们肯定是把公益放在第一位的,因为从最早我们做司法网拍对执行财产处置的时候,当时承诺过一直不收费,所以我们一直也是坚持这个承诺。当然,后续最高人民法院发展了更多的平台进来,这些平台也遵循曾经我们和最高人民法院的承诺,也没有收费。这是当时执行财产网拍的历史情况,我们也愿意在破产财产处置中延续这样的传统。

为什么我们破产财产拍卖开始收取适当的费用?这个费用只是一定的费用,毕竟我们仍然将公益放在第一位。我们现在一般是收0.5‰,这是最高收费限制。相较于以往的破产财产处置,我们要降0,降0是什么?过去基本上收5个点,我们把它去掉个0,变成0.5了,所以从收费的比例可以看出来,我们一直还是在遵循公益的原则。

为什么也要适当地和商业进行结合呢?第一,破产财产的整个交易系统,其实不是原来的执行财产交易系统。刚才我们也讲了,我们专门做了破产管理人发拍的通道,这等于做了一个新的独立的系统,所以这里相对来讲还是有些投入的。第二,我们发现,原来的司法执行财产网拍,从过去不收费,现在事实上也在慢慢产生一些费用,一些司法辅助工作也会产生费用。我们发现完全不收费对大平台来讲可能还好,因为大平台毕竟体量大,能扛,但是对于社会很多其他的中小机构参与者来讲,它其实会形成一种不公平的竞争,就是越大的平台越可以不收费,仅靠自己更强势的地位把竞争对手给挤压掉,所以,我们也意识到,如果说彻底不收费,最后可能叫"大树底下无芳草",就只有"一棵树"在那,然后所有的"草"都是不存在的。这种行为违背市场的逻辑,它其实是一个很大的问题,往往会扭曲市场供给和价格,这里面可能也回到竞争的问题,收费其实是对竞争最好的事情,不收费反而可能就没竞争了。第三,如果要衍生出一个好的生态体系,不收费是不太可能的。因为对一个机构来讲,你不可能把所有事情都做好,他可能需要分工协作。就像我们可能做拍卖平台,但是有些地方需要做一些尽职调查,有些地方要做一些看样,有些要做一些贷款,这些各类体系,如果说都不收费,生态就没有办法发展起来,其他的服务就不可能衍生出来。

所以,基于这些考量来讲,如何在公益和商业之间寻找平衡?肯定是公益优先,就是我们一定要把传统的费率降得很低很低,因为这样才能体现出这种公益的属性。就商业考量而言,核心来讲的话,就是如何让这个体系有机运转,否则,也会出问题。这是我们对收费的一个大的理解。

徐阳光:感谢您的分析,我觉得很有道理,毕竟市场化的做法就要遵循市场的逻辑,有付出却不能收费,当然也不符合市场的逻辑。另外,我们可以看到最高人民法院允许多家机构参与到网拍中来,现在明显呈现竞争的趋势了。那么,您认为应该如何实现网拍市场的良性竞争来推动网拍市场的规范发展和可持续发展?

陈慧明:我认为竞争是非常好的一件事情,因为不竞争就肯定不会有进步,你发现总有几个人天天在跟你来比的时候,你就会更想做得更好,所以我觉得竞争呢,一定是对行业的发展来讲是很重要的一个推动。我们也觉得资产网拍和其他交易会有一点特别的、不同的东西,就是我觉得可能各个平台慢慢地会要体现自己各自不同的特色来。

我们在做资产交易的过程中洞察到一个特点,就是资产和我们原来的传统商品交易是完全不一样的,资产都是独一无二的,我们称作"独生闺女",你这套房子只有一套,别的地方没有;这个厂房也只有这一个,绝对别的地方没有。传统商品交易,我们称作"多库存",像手机一样,我可能一下有 1000 万台,那么我在这个平台卖 500 万台,那个平台卖 100 万台,那个平台卖 300 万台,甚至一个小店卖 1 台,只要有人下单我都可以发货,因为我库存足够多,都是标准化的东西。但资产不一样,你只能选一个平台,因为你只有一个标的物去做交易,所以他会有很特别的因素存在。"独生闺女",从父母角度想,肯定想找个最好的"女婿",从逻辑上讲,无论你是为了债权人、委托人,还是说为了整个利益,你肯定会选一个最好的平台交易,因为最好的平台意味着就是价格发现最充分的地方。

此外,从交易的规范性和透明公正来讲,你肯定希望越多的人知道这个标的在交易,在社会监督和阳光透明的角度来讲,肯定也是最好的。假设公开透明和这个价格发现最充分是资产交易的两个前置条件,那么我相信,我们还可以在这个行业里面承担更大的一个职责。但是其他平台也会有更多独特的服务。比如说,有些善于做传统的资产拍卖,他就可以把传统资产的服务做得很好,对于某些需要线下服务很好的标的来讲,选择那样的平台做交易可能就会变得有意义。

所以,我觉得大的逻辑,一定是从公开透明角度以及价格发现最充分的角度来选择交易的方式,我们希望在目前已经做得好的情况下做得更好,但是我觉得其他平台也一定会有自己独特的优势,然后让整个资产交易就变得更加繁荣,或者说把这个交易的服务变得更加精细,这就是我对竞争的一个理解。

徐阳光:好的。我们今天的交流很深入,也很专业,希望我们探讨的话题也能跟引起大家的关注,让我们继续在信息化、数字化角度为破产法的市场化法治化实施助力。

陈慧明:谢谢,我们一起努力。

数字化背景下对破产办理现代化的期望

傅文军*

一、期望“市场主体退出也是生产力”的观念深入人心

高质量发展强调质量和效率两方面的变革，要提高供给质量，提高要素生产率，淘汰落后生产力，实现要素自由流动。党的十九大报告指出：“经济体制改革必须以完善产权制度和要素市场化配置为重点，实现产权有效激励、要素自由流动、价格反应灵活、竞争公平有序、企业优胜劣汰。”各类资源要素如果没有顺畅的循环何来自由流动？高质量发展必须是一种完整新陈代谢的循环发展。

畅通的退出机制是一种宽容失败的机制。宽容失败才能刺激供给增加，一是减少资源沉淀，二是准入更宽松，两条路径都是增加要素供给，就是促进生产效率的提高。

所以浙江省在“十四五”规划中明确提出，要“加快高标准市场体系建设。……建立健全市场主体退出制度，完善企业破产重整制度，畅通退出渠道，降低退出成本。打造法治化市场化国际化一流营商环境”。要“畅通高端要素循环。以市场化改革破除妨碍生产要素市场化配置和商品服务流通的体制机制障碍……畅通市场要素循环”。

* 浙江省发改委财金处处长。

二、期望多跨协同谋发展的理念成为破产办理常态

“破产办理”现代化必然是一种多方共同参与的现代化。从政府角度看,破产办理中最核心问题,一是债务问题(包括税收、政府性基金等),二是人员安置问题,而这单靠法院力量远远不够。法院要积极主动谋求“府院联动”,政府部门也要有充分思想认识,积极参与“府院合作”。

科技和社会的发展为破产办理现代化提供了一条崭新的路径。

一是数字赋能。包括电子证据、视频会议、网上法院、电子文书等,都已聚积很大进展和明显成效,但破产办理现代化不能停留在这个层面。

二是流程再造。解决“破产难”,不仅是在单一系统内把破产办理从线下搬到线上,或是挂个链接或自动报个数据,而是要通过多跨协同基础上的流程再造和线上协同,通过核心业务数字化实现证据保存(区块链)和资源归集(跨越空间时间限制)等功能,让“一件事”“一键办”。比如曾经的“投资审批难”,审批部门环节多、审批时间长、审批成本高,一直是个老大难问题。在数字化改革中,浙江省通过投资项目审批系统加以解决。目前,该系统已实现16个部门系统、2300多个审批机构的线上协同办理,推进工程建设数字化管理综合应用与投资项目在线审批监管平台数据共享,形成集勘察、设计、施工、监理服务和审批、验收多跨协同的全流程管理链条,彻底改变了过去的审批模式。又如中小微企业“融资难”的问题,浙江省开发建设了省金融综合服务平台(“信易贷”浙江站),通过政务数据与金融数据结合,为企业提供融资便利,目前已有54个部门数据共享、覆盖200多家金融分支机构、3.9万个银行业务人员在线办贷,供需双方在线上撮合、材料后台自动提供,所有的审批环节、审批资料、审批记录都在后台,实现贷款“一件事”供需一键对接、一键办理。“破产难”问题的解决,就应该通过多跨协同的流程再造来加以解决,让涉及破产办理的府院各方通过办理平台实现“府院联动”,让债务、投资、处置各方通过办理平台实现债务化解,比如无产可破的终本库项目,在合适的投资者眼里,仍然可以发现投资价值,如果遵循一定的规则,将终本库向投资者开放,有可能化腐朽为神奇,许多终本案件就可能恢复执行。

三是新型营商环境监测评价。破产办理便利化是营商环境的一项重要

内容，既是一种评价系统，也是一种理念和资源的倒逼机制。在完善评价体系时，一方面，国际上证明有效的指标要保留，保持国际口径统一、可对比；另一方面，国际上无法实现，而中国可以实现的指标要大胆加入。同时，在数源、模型、算法、监测体系、评价指标等方面可以更加科学、更加动态，建立中国式常态化无感监测评价体系，对各地的破产办理便利化和营商环境实施在线、全量、动态监测，建立政策落实情况督查通报机制，以评促改、以评促优。笔者越来越感到我国有希望在这方面实现“弯道超车”，提供“中国方案”，让“中国模式”引领国际话语权。期望未来我们的第三方评级机构可以对世界其他国家进行评价评级，期望未来最具权威的国际评级机构是中国的机构。

三、期望破产办理现代化成为共同富裕示范区建设的助力者

中央已经明确指示浙江省建设共同富裕示范区，浙江省委省政府已制定出台了实施方案，明确要求突破发展不平衡、不充分问题，要率先实现理论创新、实践创新、制度创新、文化创新，到 2025 年要取得明显的实质性进展，形成阶段性、标志性成果。在破产办理这个领域，期望我们能拿出标志性改革创新成果，不能让经营失败者陷入万劫不复的境地，不能因为“破产难”而阻碍了这部分人的共同富裕，这跟治病救人是一个道理。

而当前在破产办理中还面临许多难题需要解决，当前的现状可以总结为“三个半”：一是“半个机制”。由于历史和传统的原因，全社会都是“重准入，轻退出”，退出机制改革欠账太多。二是“半部法律”，即只有企业破产法，没有个人破产法，而在企业经营活动中，特别是中小微发展阶段，企业的贷款、担保、抵押等活动与个人很难区分和隔离，现有的企业破产法无法解决企业破产案件中的很多问题。三是“半边资源”，即司法部门参与破产案件较多，政府资源参与破产办理的力量比较小，还没有形成各方共识，凝聚合力。常言道，“行百里者半九十”，何况还只走了一半。

任重道远，但未来可期。我们可以从以下几方面着力：一是完善企业债务风险预警平台，探索破产企业危机风险识别机制。二是建设新型“府院联

动”机制,调动各方资源参与破产办理。三是建立具有创新引领和国际影响力的营商环境监测评价体系。四是培育做大破产服务市场,提升破产行业服务水平。

五、办案札记

从网拍波音747飞机看破产司法的张力

王　芳*

翡翠航空曾经是一颗璀璨的明珠，素有"空中皇后"之称，其为"5·12"大地震运送救济物资的波音747飞机，一度因破产停飞6年，终在法院、市场的共同作用下重返蓝天。通过运用市场化手段推动破产程序，有效盘活破产企业财产，为优质市场主体提供生产要素，最大限度释放生产价值，是市场化破产的要义，深圳法院成功办理的翡翠航空案件，凸显了现代破产制度的市场化、国际化和法治化特点，为打造更加良性透明的营商环境贡献力量。

翡翠国际货运航空有限公司（Jade Cargo，以下简称翡翠航空），是一家中德合资的国际货运公司，主营业务是承接国际航空货运业务。这一业务与外围经济发展状况密切联系，自2006年8月开航以来，翡翠航空先后经历了国际金融危机导致的经济衰退期、欧洲债务危机，以及部分国家和地区政局动荡及自然灾害导致的市场冲击，可以说开业即面临巨额亏损。2011年12月26日，翡翠航空因经营亏损被迫停航。2012年6月1日，翡翠航空原公司董事会决定自愿解散。2013年1月8日，中国商务部下发《关于原则同意翡翠国际货运航空有限责任公司提前解散的批复》（商资批〔2013〕37号），原则同意债务人提前解散。2013年1月18日，深圳市经济贸易和信息化委员会正式批准债务人的解散申请（深经贸信息资字〔2013〕0101号）。2013年3月25日，中国民用航空局下达《关于注销翡翠国际货运航空有限责任公司公共航空运输企业经营许可证的批复》（民航函〔2013〕310号），批复自2013年3月

* 深圳市中级人民法院深圳破产法庭法官。

25 日起注销债务人的公共航空运输企业经营许可证。此后,翡翠航空成立了清算组,并于 2013 年 1 月 23 日到相关政府部门予以备案。清算组在清理翡翠航空财产,编制资产负债表和财产清单后发现,翡翠航空不但不能清偿到期债务,资产也严重资不抵债。资产负债率为 263.92%,故依法向深圳市中级人民法院(以下简称深圳中院)申请破产清算。深圳中院于 2013 年 9 月 17 日依法裁定受理翡翠航空破产清算案,并指定管理人对翡翠航空进行接管。2014 年 12 月 1 日,深圳中院依法裁定宣告翡翠国际货运航空有限责任公司破产,该案进入财产处置阶段。

困局——停驻的飞机出路何在

翡翠航空案的重点和难点在于破产财产处置。翡翠航空公司的主要破产财产为 3 架波音 747－400Erf 型全货机及 13 台发动机,是翡翠航空成立时向美国波音公司特别定制的,专门用于货物运输。这一机型的飞机在航空界素有“航空女王”之称,其体量巨大,每架飞机配备 4 台发动机,业载达 116 吨,相当于 4 架波音 737;其油耗量为每小时 5～6 吨,是波音 737 飞机的 3 倍,运营成本高昂。因此,有实力成为翡翠航空破产财产的潜在购买方十分有限。

2015 年 10 月 26 日,上述 3 架飞机及 11 台发动机经评估后第一次启动拍卖,并摇珠选定了 5 家拍卖公司联合拍卖,起拍价为 132,265 万元,但开拍当天因无人竞买而流拍。此后,虽经拍卖公司、债权人等多方努力寻找买家,但 3 架飞机又陆续进行了 5 次拍卖,起拍价一降再降,均因无人竞买而流拍。

破产财产的多次流拍使案件的办理陷入胶着状态。一方面,飞机长期露天停放、缺少适航性的保养,使飞机价值不断贬损;另一方面,这 3 架飞机分别露天停放在上海浦东机场和深圳宝安机场,每年的停场费、保险费、维修费耗资千万元,破产费用的消耗不断增加。翡翠航空案件长期不能审结,各债权人面临经济亏损不断加剧的现实,各项破产费用的消耗不断增加。因此,如何将破产财产快速变现,成为法官、管理人和案件当事人均十分焦虑和迫切需要解决的问题。

微光——“互联网+”平台的启发

2017年，受司法网络拍卖高成交率、高溢价率的启发，深圳中院决定探索建立破产财产网络拍卖平台，并开始与一些知名网络拍卖服务商进行接洽。但是，由于破产财产的拍卖与强制执行的司法拍卖，在法律适用、操作模式等方面多有不同，在探索建立符合破产特点的网拍模式时，深圳中院与网络拍卖服务商进行了长达数月的协商。2017年9月，深圳中院与淘宝网的阿里拍卖合作建立了深圳法院破产网络拍卖平台。考虑到网络拍卖的受众更多、信息更公开、成交率更高等特点，深圳中院决定将翡翠航空的3架飞机试水网络拍卖，希望借助互联网的力量，让破产财产尽快变现。

由于大型航空器在网络上进行拍卖在全国乃至全球均属首次，拍卖前的信息发布、拍卖后的实物交付、证件移交、费用结算、特殊登记手续办理等均无可资借鉴的地方，深圳中院承办法官与管理人、网络拍卖平台的负责人多次探讨至深夜，做了大量的现场调查、情况摸底等准备工作，制定了工作预案。2017年9月17日，深圳中院指导管理人在破产网拍平台上发布上拍公告，正式启动波音747飞机的网络拍卖。

突破——一次面向全球的拍卖

为了促成本次网络拍卖，深圳中院利用互联网的传播手段和央视等传统媒体资源，借助了网络拍卖服务商的公关渠道，对翡翠航空的破产财产即将拍卖的事项进行了广泛宣传，引起了韩国、美国等官方媒体的关注，完成了最大范围的破产财产拍卖“路演”。

波音747飞机上拍后，引起了网友的围观和讨论。上拍不久，即有一家意向竞买方缴纳了保证金。2017年10月，翡翠航空案件管理人收到以色列籍ACE航空集团（ACE Aviation Ⅲ Limited，以下简称ACE公司）的代表及授权代理人的竞买意向，并希望能够以外币形式参与竞买。面对这一新情况，对于中国的破产财产网络拍卖是否应对外国资本开放，是否同意外国主体以自己名义和外币形式参与竞买等新问题，深圳中院法官进行了深入讨论。经过充分论证,深圳中院认为,《中华人民共和国企业破产法》是一部市场化的破产法律制度,引入国际资本参与破产审判的市场端竞争,是市场化破产制度的“题中应有之义”,因此,中国的破产审判应以更开放的心态、更广阔的视野来看待市场需求,将外国主体与外国资本视为同等主体,在不违反国家强制性法律法规的前提下,可引导其充分参与市场竞争。2017 年 10 月 17 日,深圳中院指导管理人在破产网络拍卖的服务账户上开通外币支付功能,并协助意向竞买方 ACE 公司以外币形式缴纳了保证金,为此后飞机拍卖的成交打下了基础。

2017 年 11 月 21 日,经过 60 多轮激烈的竞价,停放于上海浦东机场的两架飞机(各含 4 台发动机)由顺丰航空公司竞价取得,成交价分别为 16,078.08 万元和 16,203.86 万元。编号为 B2421 的波音 747 飞机(含 3 台发动机)因无人出价流拍。调价后,以 980.80 万元的低价再次拍卖。2017 年 12 月 22 日,该流拍的飞机经 45 轮激烈竞价后,由以色列籍 ACE 公司以 1.46 亿元的价格竞拍成功,溢价率达 49%。

网络拍卖结束后,深圳中院法官指导管理人迅速完成了飞机的实物交付,并督促管理人协助 ACE 公司办理了有关清关和国际变更手续。2018 年 6 月 22 日,在停飞 6 年多之后,编号为 B2421 波音 747 飞机已贴上新的临时注册号 2 - ACED,以新的国籍身份(英属格恩岛)在深圳宝安机场再次腾空飞上蓝天,开启“空中女王”的新征程。而由顺丰航空公司竞买的另外 2 架飞机,也已进入适航恢复维修阶段,并拟于年内投入使用。

盘点——翡翠航空案的意义

翡翠航空案首次适用国际化的破产网拍新模式,在全国乃至全球首度在线拍卖成交 3 架波音 747 飞机,其中一架由以色列籍的货运公司购买,充分体现了现代破产制度的市场化、国际化和法治化的特点,实现了生产要素的优化配置,盘活破产企业的存量资产,为优质企业赋能,打造更加良性、透明的营商环境。总结本次拍卖,主要有以下特点:

第一,充分利用市场化手段促成破产财产的成功处置。高成交率、低成本的网络拍卖是新兴的市场调配资源方式。深圳中院借助这一市场化手段,通过广泛的信息渠道，吸引了境内境外竞买人参与竞买，提高了成交率和溢价率，结束了破产财产处置困局。

第二，充分开放的心态体现了破产审判的国际化特点。本次拍卖中，为保证境外主体的合法参与，深圳中院为破产网拍平台增设了外币账户，接收外币保证金及拍卖款项的入账及退还。在符合国家外汇管理相关法律法规及制度的前提下，保证境外竞买人顺利参与拍卖活动。并最终由境外竞买人竞拍成功一项拍卖标的。在破产财产交付阶段，管理人在人民法院监督下顺利协助境外买受人办理拍卖标的注销国籍登记、所有权登记及出口报关手续等，为推动中国破产审判的国际化提供了一条路径。

南通三家关联企业合并出售式重整案承办札记

潘小维* 胡晓敏**

一、大型家居 身陷囹圄

江苏省启东市,一个被誉为"江海明珠"的县级市,多次跻身中国百强县市行列。2008 年起,投资人黄某某开始在此筹建建材家居市场,后由宋某某全面接管,先后成立了南通恒亚房地产开发有限公司、启东建宏房地产开发有限公司、南通市欣阳商业经营管理服务有限公司(以下统称恒亚市场)。

恒亚市场通过 8 年滚动开发、部分出售后返租的方式建成占地达 101 亩的精品家居馆、建材馆等多个场馆,经营租赁户 200 多户,业主 600 多户,营业面积超 12 万平方米,年交易量突破 10 亿元,就业人数达数千人的大型综合性建材家居市场。

近年来,由于恒亚市场发展步伐较快,盲目投资,疏于管理,加之实际控制人宋某某沉溺赌博,在家居市场竞争日益激烈的环境下,恒亚市场不得不通过大肆举债加大资金投入来保住市场份额。资金链的突然断裂加剧了恒亚市场经营状况的恶化,恒亚市场已"身陷囹圄",岌岌可危。

* 江苏省启东市人民法院清算与破产庭员额法官。
** 江苏省启东市人民法院清算与破产庭法官助理。

二、群体矛盾　一触即发

2017年年底,面对14亿元的巨额债务,加之欠付的600多户小业主的租金及员工工资,无计可施的宋某某突然“失联”。次日,小业主即采取封堵市场、驱赶客户等不理智的方式表达其诉求,严重影响恒亚市场的正常经营秩序。租赁经营户与小业主两大群体之间关系剑拔弩张,社会矛盾一触即发,更有甚者,数十人爬上市场楼顶作出威胁跳楼的过激行为,为当地社会经济稳定发展埋下了重大隐患。

而在法院的立案大厅里,一拨又一拨的债权人、小业主、商户闻风而来,争先恐后要求起诉立案并保全恒亚市场的财产。一时间,恒亚市场作为被告的系列案件涌入法院审理环节,各方主体都试图希望通过诉讼方式维护自身利益。

三、诉破衔接　金石之策

恒亚市场的突然“爆雷”,引起了启东市委市政府的高度关注,市委书记听取当地政府的汇报,多次召集法院、发改委、税务局等单位商讨对策,决定启用破产程序为恒亚市场探索新出路,化解社会矛盾。

与此同时,法院院长潘建带领破产庭法官通过深入企业、多方座谈、调研论证等方式,一致认为传统的破产审判方式因审理周期较长等原因无法及时平息剑拔弩张的群体矛盾,难以确保市场的继续经营,会造成广大商户和小业主的重大利益损失。恒亚市场作为大型家居市场破产既无先例可循,也无相关经验可借鉴,唯有探索创新,找准“病灶”,研发“新药”,进行“靶向”治疗,才能“药到病除”、平息矛盾、挽救市场。

而“诉破衔接”程序,区别于“执行转破产”程序,其将移送破产的时间节点前移至立案、审理阶段,可以迅速抓住挽救企业的最佳时机,为恒亚市场重获新生打开了指路明灯。

“诉破衔接”方案得到当地党委政府的大力支持,全体业主和商户看见了市场重生的曙光。

四、府院联动　稳控局面

“诉破”如何合理衔接,社会矛盾如何平息,经营资金如何落实,客户如何回流,诸多问题浮出水面,破产庭压力重重。此时,依托之前建立的“府院联动”机制再次发挥强大的协同作用,实现了“诉破”程序的合理衔接,并及时稳控了局面。

一方面,在法院的提请下,市政府旋即成立了恒亚市场维稳工作组和清算工作组,并任命恒亚市场清算组担任管理人,全面接管企业,代行企业决策、执行机构职责。另一方面,法院抽调“精兵强将”迅速组成了“诉破”衔接合议庭,将民二庭正在审理的以该市场为被告的两起合同案件移送破产审查,并在第一时间查封了企业所有资产,避免众多小业主和债权人诉讼、申请保全和执行,有效缓解法院的审执压力。

五、利益博弈　勠力同心

由于恒亚市场采取物业部分企业自持、部分出售给小业主,由企业统一经营的方式。管理人接管企业后,一方面需支付小业主租金;另一方面急需解决经营资金,才能确保商户不撤场、客户不流失等问题。各方主体利益相互博弈,矛盾重重,法官与小业主和商户积极协调、反复沟通,就恒亚市场的经营现状及未来发展进行深入分析,并详细解释继续经营的益处,最终让小业主和商户意识到尽快平息矛盾,确保市场的继续经营是维护自身利益的最佳途径。

在法院的指导和监督下,管理人先后帮助小业主和商户成立了恒亚业主委员会预备会和恒亚百商联合会。小业主预备委员积极协助法院及管理人稳定小业主情绪,对市场管理出谋划策。恒亚百商联合会通过举办宣传活动和促销方案来吸引客户。

通过多措并举的方式,一度激烈对抗的两大群体开始相互配合,商户不再撤场,客户不断回流,市场经营持续看好,为下一步重整工作创造有利条件。

六、人格混同　实质合并

在利益衡平之下,人格混同的恒亚三关联企业唯有“刺破公司的面纱”,通过实质合并破产方式才能让恒亚市场起死回生。

管理人以三企业存在高度混同为由申请法院对三企业进行实质合并审理。启东法院经审查查明三企业属于关联企业,人员、财务、资产、经营场所、经营业务等严重混同,各企业法人财产独立性和企业法人意志独立性已经严重缺失,依法认定关联企业成员之间法人人格高度混同。鉴于三企业部分资产也无法区分,若单个企业破产审理,将严重损害债权人公平清偿利益,为平等保护所有债权人的权利,启东法院依法裁定对三企业实质合并审理。

实行实质合并破产方式,不仅避免了管理人清理区分债务人资产的繁杂,简化了破产程序,降低破产费用,而且使债权人减少 55 户,核减债权金额 8 亿多元,大大提高普通债权的受偿比例,最大限度实现公平和效率的统一,具有极强的经济性。

七、新式重整　换壳新生

恒亚市场作为启东市当地最大的建材家居市场,体量大、重整投资金额高,三企业负债众多也相互关联,加之小业主和商户众多,矛盾激烈,如何彻底挽救市场一直是摆在破产法官面前的一道现实难题。

为此,启东法院研究认为,破产法规定的存续式重整无法化解上述难题,保留企业沉重的外壳不利于企业再生,也难以消除投资人顾虑。只有将三企业资产进行整体打包出售,由投资人竞得核心实物资产后,以“新壳”运营原有的营业事务,市场方有重整旗鼓的可能。

“重整的模式不能囿于一元,‘原壳再建’无法适用,我们就用新的‘手术’方式,采用‘三壳并一壳’、‘换新壳再生’的办法来挽救企业。”启东市人民法院分管副院长龚建涛形象地介绍“合并出售式重整”。

“用合并破产的方式平衡了三企业债权人的权益”“用免除部分租金的方式稳住商户”“通过资产网络竞价的方式遴选投资人”,一个个问题迎刃而解,彰显了法官的聪明才智。所有的付出和努力没有白费,最终得到了债权人和小业主的理解和支持。在恒亚市场的第一次债权人会议上,高票通过了三企业合并出售的资产处置方案,并落实了为商户免除 2 个月租金的优惠政策。

为尽快变现恒亚资产、招募到合适的投资人,法院加强与政府的协调配合,利用政府“将破产当作招商工作来抓”的理念,实现破产财产处置工作与政府招商引资工作无缝对接,并依托多层次的社会资本市场,以市场化方式加快出清破产资产。

2019 年 5 月 15 日,江苏华琅置业发展有限公司经过 16 轮竞价成功竞得恒亚资产后委托国内著名家居品牌团队进行专业管理。

八、恒亚涅槃　意义深远

在启东法院的监督指导下,恒亚市场在濒临危亡中洗尽铅华,破茧重生。恒亚市场老员工朱某某指着市场内新引进的一批家居品牌感慨道:“真没想到当初我们认为必死无疑的恒亚市场不仅‘活’过来了,而且‘活’得更精彩。”如今的恒亚市场,商户经营秩序井然,顾客络绎不绝,生意红红火火。一个全新的、活力无限的恒亚市场正昂扬阔步走在启东市建材家居市场引领者之列。

南通恒亚房地产开发有限公司等三关联企业合并出售式重整案是启东市人民法院运用“诉破衔接”新机制,采用“合并出售式重整”新方式,及时有效地防控社会风险,实现了企业的换壳再生,为危困企业的破产重整模式提供了新思路、新方法。本案的审理经验获《人民法院报》专版介绍,被评为“2019 年度江苏法院破产审判典型案例”及“2018 年至 2020 年南通法院破产审判十大典型案例”,并成功入选南通地区参加 2020 年度国家营商环境考评“办理破产”回收率指标支撑案例。

淮安天元置业有限公司破产重整案总结

陆　诚[*]　朱强和[**]

一、案情与困境

位于淮安市清江浦区城南乡人民政府院内的淮安天元置业有限公司（以下简称天元置业）于 2010 年 6 月 29 日组建，主营房地产开发与销售。其开发的“天元·阳光苑”楼盘项目启动较早，规划建成 4 栋高层楼房及商业裙楼。2011 年已经开始出售，2013 年才完成两层楼房的主体工程。业主们满怀提升生活品质的热切期待，等候着搬入新居所的幸福时刻。但天元置业因经营不善，缺乏资金，将公司所有的土地、股权及在建工程抵押给银行及资产公司，仍不能解决天元置业的资金断裂问题。因无法支付工程款，天元置业将已抵押的在建房屋甚至是未建房屋抵债给施工人员，施工人员为套现将工程款抵房出售或抵债给购房户，这也是造成天元置业破产案中非网签债权人债权无法核实的重要因素。同时，因天元置业内部管理混乱，导致出现“一房二卖”甚至“多卖”的现象，造成天元置业无力挽救的局面。因融资困难，且天元置业经执行多次后仍无财产可偿还，明显缺乏清偿能力，最终走上了破产之路。

2016 年，浙江省东阳市江南建设有限公司向淮安市清江浦区人民法院申请破产清算，2016 年 12 月 13 日，天元置业破产清算案被裁定受理，由于原管理人经验不足，无法继续担任，申请辞去管理人职务。2019 年年底，江苏百年东吴律师事务所被选聘为管理人。

---

* 江苏百年东吴律师事务所主任，苏州市破产管理人协会会长。

** 江苏百年东吴律师事务所合伙人、律师。

管理人调查本案后发现,天元置业的破产,不同于其他房地产破产案件。该案中购房人因有贪图便宜的心理而被利用,后来基本以低于市场价买入房屋,还存在查封房产被卖、"一房二卖"等不合法的销售行为。据统计,"天元·阳光苑"项目中只有40位左右购房人通过天元置业正常销售购买并完成网签手续;但企业出现经营问题后,又有100多套房屋被通过不合法的方式出售。一部分房屋虽以房抵债被工程队用来偿还工程款,但被工程队人员以低价出售,且多为现金交易,难以查实资金去向;一部分房屋被企业内部的管理人员出售后,购房款并未进入公司账户……这一系列的问题困扰着办案人员。天元置业案件久拖未决,办案压力大;购房人的资金去向混乱,核实面临诸多困难;中途变更破产管理人,需要重新择优选能。

二、破解困境

管理人接受指定后,根据管理人初步掌握的情况,在与法院讨论分析后认为,相比于直接进行清算,重整更有助于保障购房者、债权人利益,也能充分实现天元置业资产的市场价值,但本案最初并未以重整形式展开,故管理人进行了充分的准备工作,为以清算形式进入重整做准备,同时针对该企业面临的困难,最终选择采取"清偿、释法、交付、侦查"四步走的方法进行妥善化解。

首先,管理人通过设置分阶段清偿方案,解决非网签户债权问题。本案管理人根据购房户实际情况,设置分阶段清偿方案,对于购房户所付的购房款,低于40万元的100%全部清偿,确保本金能回转。同时管理人提前进行预表决,解决了影响重整计划草案通过的不稳定因素,为重整计划草案表决通过创造了条件,非网签债权问题的解决,是本破产重整案件的创新和突破。

其次,做好释法说理,从而疏解情绪。受房价上升的影响,有的购房户情绪比较激动,管理人联合法院、街道等部门,耐心告知购房人既已事先知晓抵押、查封情况,应当自担风险。并对其进行妥善疏解。

再次,通过重新制定交房标准度,优先确定可交付人群。秉着优先满足居住权的原则,对39户符合交房条件的业主,顺利办好交房手续。

最后,借助部门力量进一步调查案涉问题。管理人在调查过程中,可以充分尝试借助相关力量推进调查。例如,依靠公安机关对经济犯罪嫌疑进行侦查,查明工抵房销售的购房款去向,核实账目情况。

三、总结思考

本案案情较其他房地产类破产案件相对复杂,“天元·阳光苑”项目地处淮安市区南部中心地带,多年的烂尾状态严重影响了淮安市城市形象、市容市貌;一旦项目僵死,进行清算,易影响社会稳定。在推进案件进展过程中,管理人充分尝试在本案被受理清算后以重整为导向,并进行预重整探索。总体而言,本案有几个方面值得总结思考。

首先,充分运用“府院联动”为破产程序保驾护航。天元置业最初由淮安市清江浦区人民法院受理破产清算,但经过管理人对债务人企业调查、财务情况审计、评估所有房地产后发现,相比于直接进行清算,重整更能实现购房者、债权人利益,也能充分实现天元置业资产的市场价值,最大限度保障购房户、债权人利益,实现“天元·阳光苑”房地产项目的续建交付。与直接进入清算程序相比,通过重整挽救危困房地产企业,能够最大限度地实现危困企业资产的价值最大化,也能够最大限度地化解矛盾,从整体上解决企业面临的问题。重整的目的是解决企业的危机,实现企业拯救。如果重整成功,启动项目建设,实现顺利交房,可最大限度保护消费性购房户的权益。本案涉及利益主体众多,银行在破产清算程序中可就抵押财产优先受偿,而无财产担保的其他债权人的债权受清偿的比例较低。对此,在本案推进过程中,清江浦区委领导牵头,法院靠前指挥,“府院联动”,管理人具体操作,多方配合,统筹解决企业破产重整过程中的民生保障、资产处置、行政手续办理等问题,让企业重新恢复市场信誉,走出困境,继续经营,企业才能焕发生机和活力。

其次,以法律性思维化解问题楼盘。天元置业“烂尾”多年,最终通过法院选定有丰富房地产破产重整经验的联合中介机构担任管理人,运用法律性思维剖析梳理本案错综复杂的法律关系,依法认定各类债权。与此同时,管理人积极招募重整投资方,维护债务人名下在建工程的整体价值。通过出资人权益调整方案、债权分类及债权调整方案、分阶段清偿比例的设定等一系列法律手段,既盘活了“烂尾”多年的问题楼盘,也使消费性购房户能够顺利拿到住房。其他债权如建设工程价款优先权、有特定财产担保债权、职工债权、普通债权等,都依法制定受偿方案,在法律框架内使各类债权人统一公平受偿。

再次,借助长三角一体化的春风拓宽招募视野,为高效招商引资广开渠道。随着国家实施“十四五”规划、“一带一路”倡议、长三角区域一体化等重大方略带来叠加效应,长江经济带将迎来更好的发展机遇。对此,市场经济就是法治经济,营商环境的打造离不开法治建设及有实力的投资人。考虑到天元置业楼盘处于危难之中,如果不能引进有实力的投资人,那么将带来更加严重的后果。如何盘活楼盘,发掘最具潜力的投资人,如何能将全国范围内有实力的投资人引入淮安市本地市场,实现经济一体化发展,这样的现实问题决定了投资人招募的眼光不能仅仅局限于本地。2020 年 5 月,管理人通过全国破产企业重整信息网、微信公众号、淮安晚报等多个媒体平台对外发布招募投资人公告,通过设置保证金门槛、尽职调查等几轮筛选,最终在公证处的公证下选出了最具实力的投资人。

最后,探索预重整,提升企业价值。在清算期间,管理人积极研究探索本案进行重整的可能性,在预重整领域进行初步探索和大胆尝试,这也与当今破产领域的预重整模式发展方向一致。预重整本就是将重整的核心步骤移至司法程序之前进行,其作为一种新型的拯救机制,价值在于通过将司法程序与非司法程序结合,将当事人的意思与司法干预结合,以较低的成本、较短的时间,实现债权人、债务企业等各方利益的最大化,实现效力与公平双重目标。本案在进入重整程序前,管理人已经完成发布招募公告、对投资人进行尽调、多轮磋商、与对投资人全面摸底、确定投资人、制订重整计划草案、进行预表决等一系列工作,最大限度地降低随后的重整程序带来的时间和管理成本,有效缩短“困境企业”进入重整程序后的审理时长,提高破产案件的审理效率和重整率。

审判视角下“执转破”的众生相

张　崇*

“欠债还钱”是常出现在影视文学作品中的一句台词，也是案件执行现场出镜率最高的一句话。艺术源于生活，现实还原艺术。在“执转破”案件中，一般都存在“等米下锅”的债权人和“难为无米之炊”的债务企业。按照“欠债还钱”的朴素价值观，给付条件成就时，债权人拿债权凭证出现，债务人就应当及时偿还债权人。“无米下锅”之时，可以“变卖锅碗”偿还债权人，所以“执转破”程序横空出世。

世人常有江湖梦，笔者求学时也曾沉溺于武侠世界，长剑当空，快意恩仇。但是，东方晨曦初起，闹钟唤醒美梦之后，现实世界不仅有风尘的美酒，还有法律的规则。执行是人民法院经当事人申请或依职权强制义务人履行义务的法律行为。破产是企业在资不抵债或者不清偿债务时，经债权人或债务人申请由法院启动程序还债的法律制度。两个“风马牛不相及”的程序，在法律的规则下，成为实现债权人利益，维护社会公平正义，全面解决执行难的有力手段。笔者在一线工作，机缘巧合办理过一些执行、破产和“执转破”案件。“执转破”的苍穹之下，芸芸众生，各有特色，我们一起来看看“执转破”的众生相。

一般债权人的“如花笑靥”

在执行程序中，“执转破”号称企业劣后顺位债权的“翻盘利器”。通

* 河北省滦南县人民法院干部。

常,一般债权人相对于有抵押的优质债权人就债权本身的实现来讲存在天然的劣势。在执行过程中,一般债权人之间也存在查封顺位和清偿顺序的问题。

人民法院在执行同一被执行人的财产过程中,对一般债权人参与分配的处理方式也不尽相同,有类破产方式的按比例清偿,也有按照查封顺位先后清偿,具体适用何种分配方式一般都与案件实际情况和被执行人可供执行的其他财产情况等因素有关,本文不再赘述。但是,我们可以知道的是,无论哪种处理方式,就一般债权人而言,在对债务人的财产查封顺序处于劣后顺位的情况下,"执转破"程序的启动就是扭转这种劣势的"翻身利器"。

据笔者不完全统计,在全国大多数经济开发区法院执行程序中,一般债权人在面对债务人企业资产价值尚可的情况下,有近6成案件的一般债权人主动向法院申请启动"执转破"程序。可见,随着"执转破"程序的有序推进,债权人实现债权的途径进一步拓宽,债权实现的可能性也大大增加。正是这种利益趋向性使一般债权人成为"执转破"的急先锋,也促成了当下"执转破"在相关案件执行中如火如荼的局面。

优质债权人的"闲庭信步"

顾名思义,优质债权人就是其债权的现实有天然优势的债权人,基本都是对特定的企业财产享有担保物权的债权人,此类债权人一般多存在执行金融借款和民间借贷合同纠纷案件中。

在执行过程中,申请执行人对其享有担保权的财产的清偿享有优先权,在企业是否进行破产与其债权的实现无关的情况下,其只会对担保的财产能否变现存在利益期待,所以优质债权人一般不会主动启动"执转破"程序。更有甚者,一些案件的优质债权人因抵押的财产价值充足而怠于启动财产的变现,在一定程度上扩大了被执行企业的损失,也侵害了其他一般债权人的利益。笔者曾在办理"执转破"案件过程中,遇到案件当事人阻挠程序进行的情况,其中既有被执行企业也有优质债权人。被执行企业不配合的心理符合一般办案规律,但是申请执行人不配合程序进行的心理活动就耐人寻味了,也十分值得我们思考。此行为不符合法律价值规律,那么一定符合经济价值规律。

优质债权人一般会在什么情况下主动向法院申请启动“执转破”程序呢?正是与前文描述相反的情形,抵押财产的价值减损,抵押财产变现后不能全额清偿其债权或者因种种原因抵押财产不便于直接变现。在此种情况下,担保的债权不能全额实现,优质债权人考虑到执行的效率也会积极主动启动“执转破”程序。

所以,相对一般债权人和债务人而言,优质债权人在整个执转破程序中,都是属于能“稳得住”的一类群体。

被执行人的“五味杂陈”

被执行企业在“执转破”程序中十分有趣,既有锣鼓欢天,鞭炮齐明的;也有蜂缠蝶恋、眷眷不舍的;还有雄心壮志,以求东山的。

破产对被执行人企业来说,应当辩证地看待。一方面,同宣告破产一样,企业财产的查封、冻结措施将解除,执行程序中止,未决的民事诉讼或仲裁也将中止,企业借此可以摆脱被动的局面。另一方面,“执转破”案件能否直接进入重整或者和解程序,目前的法律规定尚不明确,能否经清算间接进入的法律依据也不充分,“执转破”案件能否像一般破产案件一样达到对企业重整以盘活企业、恢复生产,达到债权人利益最大化的结果尚值得商榷。司法实践中,人民法院在办理的“执转破”案件几乎都是经清算后,企业按破产程序清偿债务,宣告破产。这个结果,对被执行企业的股东、员工等人来说,真可谓是“五味杂陈”。

在执行程序中“执转破”是一个完整的架构,但可能不是完美的结果。“执转破”的流程从决定、移送到审查处理可以形成完整的闭合,看似十分稳定,但是“执转破”程序有一个先决条件——严苛的“破产三要件”。被执行的企业要符合《中华人民共和国企业破产法》规定的主体、原因、当事人同意的“破产三要件”。相对于审判活动的当事人主义原则来说,执行活动的职权主义色彩更重一些。“执转破”程序启动便是典型的职权行为,与一般破产案件由债务人或债权人向管辖法院申请破产不同,“执转破”是执行法院在执行过程中,发现被执行企业符合破产的情形,通过向当事人释明法理,征得书面同意后进行的。执行程序中的"执转破"不是一经启动就不能回转的,"条件"是贯穿于"执转破"决定、移送、审查整个过程中挥之不去的影子。很多"执转破"案件经过了执行法院的决定、移送,却在审查程序中发现了不符合破产的情形,案件全部措施又都会退回原执行程序中。这种情况在"执转破"程序中十分常见。无论对案件的当事人还是承办人来说,程序进行了许久,突然又回到了原点,既浪费了司法资源,又浪费了当事人的宝贵时间和精力。

所以,笔者建议,当事人不要迷信"执转破"神话。法律规则是明确的,但是案件变化是未知的。诚然,债权实现的愿望是迫切的,效率也是法的价值体现,但是实务中,每个案件的性质和实际情况不同,执行方式和结果也会不同。债权人在面对债务企业资不抵债的情况时,应结合被执行企业的实际情况理性看待,符合《中华人民共和国企业破产法》要素的案件可以尝试进行"执转破"程序,如不符合可以选择其他执行方式;不用像"抓住救命稻草"一般,遇到被执行人是企业法人的案件就全部启动"执转破"程序,也没有必要在法院尚未查明被执行企业的财产情况下,主动申请法院进入"执转破"程序。另外,人民法院在执行案件过程中,也要分类审查涉破产案件,严格对"执转破"案件进行必要性和合法性审查,应当主动向前一步走,在决定程序和移送程序中持审慎的态度。"执转破"是破冰的一个手段而不是结果,全面解决执行难是一个系统性的工程,需要审执部门协同作战、全社会共同努力。作为案件承办人更应当理性思辨,既要从法官的角度看待"执转破"的瓶颈,也要从当事人的角度看到"执行难"的艰辛,换位思考才能打开执行的新局面,使案件当事人之间、当事人与法官之间产生共鸣。

最高人民法院《关于深化人民法院司法体制综合配套改革的意见——人民法院第五个五年改革纲要(2019—2023)》指出,将推动建立个人破产制度及相关配套机制。随着今年个人破产制度在深圳市试水,未来,针对个人执行不能案件"执行转破产"程序可能会成为重要途径之一。"执转破"既是审执衔接的轴承,也是破解"执行难"坚冰的一把利器。应用好"执转破"这把利剑,共同推动社会诚信体系建立、助力市场经济健康发展。

漫漫执行路,案牍卷山卷海。法律人办的是一个案子,可是案件会影响当事人的人生或者企业的存亡。芸芸众生,我们都是沧海一粟,常怀敬畏之心，严格按照法律规定办案，结合案件实际情况，“能执尽执”“当破则破”。彼岸是繁花似锦，面前是星辰大海。江湖路远，吾道不孤。法律人的远方是岁月静好，未来可期。